JN410229

어글이

국립중앙도서관 출판시도서목록(CIP)

어글이 : 노정희 수필집 / 글쓴이: 노정희. -- 서울
: 북랜드, 2014
p.240 ; 145×210cm
ISBN 978-89-7787-598-2 03810 : ₩15000
한국 현대 수필[韓國現代隨筆]
814.7-KDC5
895.745-DDC21 CIP2014004868

노정희 수필집

어글이

인쇄| 2014년 2월 20일
발행| 2014년 2월 23일

글쓴이| 노정희
펴낸이| 장호병
펴낸곳| 북랜드
135-936 서울 강남구 역삼동 832-7 황화빌딩 1108호
대표전화 (02) 732-4574 | (053) 252-9114
팩시밀리 (02) 734-4574 | (053) 252-9334

등록일| 1999년 11월 11일
등록번호| 제13-615호
홈페이지| www.bookland.co.kr
이-메일| bookland@hanmail.net

편집주간| 곽홍렬
편 집| 김인옥
영 업| 최성진

ISBN 978 89-7787-598-2 03810

값 15,000 원

어글이

노정희 수필집

북랜드

| 책을 내며 |

가끔 목 놓아 울고 싶은 날이 있습니다.
대성통곡 하고 싶은 날이 있습니다.
왜 그러는지 묻지 말아 주세요.
왜 그래야 하는지 말하고 싶지 않을 때도 있습니다.
자꾸 아파오고
자꾸 시려오는 가슴
머릿속에 쌩쌩 바람이 들어와
밭두렁에 얼기설기 모아 둔 비닐자락처럼
생각이 사방에 펄럭입니다.

출력하고 싶은 마음속 응어리
전송하고 싶은 많은 언어가 이슬처럼 내립니다.
침묵이 꽃으로 피고
하늘을 뛰쳐나온 낮달이 노을에 걸려 바동거려도
그것은 순전히 나의 몫이겠지요.

나에게 문학이 없었다면
어디에
마음을 풀어 놓았을까요.

함부로 충고해서는 안 됩니다. 우울한 사람이 영화를 보고 싶다고 할 때 자신의 경험을 비추어 말하지는 말아 주세요. 코믹영화를 보고 한바탕 웃고 나면 기분전환이 된다고 하는 건 실례입니다. 그 사람은 슬픈 영화를 보면서 펑펑 울고 싶을지도 모릅니다.

배움이란 당신이 이미 알고 있는 것을 발견하는 일이다. 삶이란 당신이 알고 있는 그것을 증명하는 일이다. 그리고 가르침이란 당신과 마찬가지로 다른 사람들에게도 그들이 이미 알고 있는 것을 일깨우는 일이다. 우리 모두는 배우며, 살며, 가르치고 있다.－리차드 바크

무언가 한 방향으로 얽매이고 매달릴 필요는 없습니다. 배움이란 때에 따른 변화에 대응할 수 있는 능력을 키우는 것이라고 생각합니다.

화살이 활시위에서 떠났습니다. 그 화살은 사수의 것이 아닙니다. 인쇄된 '나의 글' 역시 이제 '나의 것'이 아닙니다.

2013년 12월

차례

| 책을 내며 |

1부
목련꽃 지다

고향집 _ 012
텅, 삼나무 _ 017
목련꽃 지다 _ 021
연애학 개론 _ 026
울림 _ 031
집착이냐, 방치냐 _ 033
상사화 _ 040
나이 오십, 고등어 _ 044
24시간 _ 048
리모컨 _ 055

2부

틈

줄 __ 060
시산경 __ 064
바다 이야기 __ 068
띄어쓰기 __ 072
가을을 줍다 __ 076
틈 __ 081
본전 찾기 __ 086
다움 __ 092
눈물 __ 096

3부

깻잎을 읽다

어글이 _ 102
추억속의 그녀 _ 108
부드러움, 그러나 강한 _ 112
간판 _ 117
감나무 _ 120
깻잎을 읽다 _ 129
미루나무 _ 134
타임아웃 _ 138
변신 _ 143
농사 일지 _ 146

4부

초승밥

초승밥 __ 154

노인을 커닝하다 __ 158

동거 __ 163

허방 짚다 __ 167

이름 __ 171

벽 __ 176

실종신고 __ 180

아직도 두렵다 __ 184

거울 속 어머니 __ 189

대안가정에서 만난 그녀 __ 193

5부

꽃들의 전쟁

나의 살던 고향은 — 198
꽃들의 전쟁 — 205
귀신사 남근석 — 208
현대판 도덕성 — 213
그를 보내다 — 216
발정 난 고양이 — 222
정체를 보다 — 226
열다 — 230

발문

화이부동和而不同으로의 여정 _ **장호병** 234

목련꽃 지다

고향집 | 텅, 삼나무 | 목련꽃 지다 | 연애학 개론 | 울림 | 집착이냐, 방치냐 | 상사화 | 나이 오십, 고등어 | 24시간 | 리모컨

감히 대웅전 부처님 전에 엎드려 양잿물 같은 욕망을 논할 수 있겠는가. 그러나 이곳은 진솔하다. 스스로 느끼는 모멸감에 무너지지 않아도 된다. 가슴에 파 놓은 연정의 우물에 돌멩이를 던지지 않아도 된다. 사랑이라는 명제가 바로, 욕망이 아니라 핏물 같은 순정이고 진실인 것이다.

고향집

참꽃처럼 선명한 유년이다. 그 아름다움이 퇴색되지 않은 것은 어머니가 고향집을 보듬고 있어서일 게다. 방긋방긋하던 시절은 가고 얼굴에 그물을 쳐 놓은 나이가 되었어도 여전히 추억은 건재하다. 해바라기 씨앗처럼 알알이 박힌 기억이 뚜벅뚜벅 걸어온다. 안. 긴. 다.

국도 25호선 옆, 집도 절도 없는 곳에 아름드리나무를 베어 내고 아버지는 흙벽돌로 신혼집을 지었다. 어머니는 동짓달 스무닷새에 시집을 왔다. 어찌나 급하게 집을 지었는지 서까래 사이에 얹힌 이엉 사이로 별빛이 보였다고 한다.

동그라봉에 해거름 깔리면 소쩍새 울고, 밤하늘에 주먹덩이만 한 별꽃이 축축 늘어지면 북두칠성 국자로 은하를 저었다. 퍼고 퍼내어도 강물은 철철 넘쳤다. 할머니 치마폭에 안겨 견우직녀의 눈물을 가슴에 담았다. 칠석날 비가 와야 한다, 일 년에 한 번 만나는 부부가 눈물을 흠씬 흘려야 한이 풀려 풍년이 든다고 했다.

지금의 집은 중학교 2학년 여름에 완공했다. 둘째 오빠가 시멘트 블록을 한 장 한 장 틀에 찍어서, 예전 집 그 자리에 안방과 부엌의 기본 틀을 앉혔다. 수마가 집을 삼키려고 할 때 부모님은 다락으로 올라갔다. 죽어도 시신이 집 안에 있어야 자식들의 수고를 들어줄 수 있다며. 두 번의 수해로 이웃집들은 무너졌으나 우리 집만은 뼈대를 지켰다.

어버이날을 맞아 다니러 간 고향집 앞에서 한참 동안 마음이 흔들렸다. 작년에 정년퇴직한 큰오빠가 기천만 원을 들여 막 수리를 마친 상태였다. 어머니는 완강했다. 새로 집을 짓자는 것에 동의하지 않았다. 육십 년을 넘게 살아온 어머니의 집이다. 세상 떠난 둘째 오빠가 지은 집이다. 밀고 당기다 결국 안채는 수리를 하는 쪽으로 가닥을 잡았으나 사랑채는 손도 대지 못하게 했다. 삼십 년이 넘도록 둘째 오빠가 사용하던 경운기를 바라보며 가슴으로 우는 어머니가 아닌가. 또

한 유교사상이 뿌리 깊게 박힌 전형적인 맏며느리다. 조부모님이 기거하시던 방, 할머니 돌아가신 그 방을 철통같이 고수했다.

큰오빠는 홀로 계신 어머니 때문에 늘 마음을 썼다. 퇴직했으니 어머니를 모시고 싶었을 것이다. 그러나 올케언니의 마음은 어떠했을까. 항상 존경하는 시어머니라고 했지만 '함께 산다'는 것에는 많은 고민을 했을 것이다. 분명 올케네 친지들도 시댁으로 들어가는 것을 반기지는 않았을 터, 우리 형제 역시 오빠가 어머니 모시는 것을 환영하지 않았다. 팔순의 어머니는 아직도 남에게 피해 주는 것을 싫어하고, 한시도 몸을 쉬는 법이 없다. 게으름과 낭비를 최대의 적으로 치부한다. 나이 들면 성질이 한풀 꺾일 만한데 아직도 꼬장꼬장하시다. 올케는 깔끔의 대명사로 살림을 똑 소리 나게 하고, 적당히 자신을 치장할 줄 아는 천생 여자다. 옳고 그름이 분명한 색깔 있는 여자다. 분명한 것은 고부의 성격이 각기 특별나다는 것이다. 오빠의 마음은 갸륵하나 여태 잘 지내다 혹여 고부갈등으로 형제간 우애까지 서먹해지지 않을까 염려해서였다.

창문이 부유스름해 온다. 어머니도 걱정이 많아서 인지 잠을 설친다. 큰아들이 시골에 내려온다고 처음에는 반가웠으나 이런저런 귀엣말에 마음 불편해 한다. 농사일 모르는 아들이 시골에 와서 무얼 하겠냐고, 그래서 일거리 더 장만하느라 허리 펼 날이 없단다. 두 해 전부터 남에게 주었던 논농사를 다시 거둬들이고, 자식들에게 나눠주려고 소일거리로 했던 밭농사도 품 사서 씨앗을 더 심었다. 노인의 기력 쇠하는 것이 하룻밤 새 다르다더니 부쩍 몸이 상했다.

막내딸에게 위안을 받고 싶었을지도 모른다. 어머니 마음대로 좌지우지하던 살림인데, 집수리며 기타 일을 오빠 마음대로 처리하는 것에 탐탁지 않았을 것이다. 하지만 어머니 말씀을 냉정하게 잘랐다. 왜 자꾸 농사거리를 만드느냐고, 설마 오빠가 어머니 굶기기야 하겠냐고. 요즘 세상에 시댁에 들어오겠다는 며느리 없으니 따신 밥 해 주면 맛있게 드시고 집안일에 손 떼라고 했다. 다른 집 어른처럼 노인정에 다니고 나무그늘에 앉아 편히 지내는 것이 자식들 소망이라며 목소리를 높였다.

어쩔 수 없었다. 차라리 어머니가 서운한 것이 나으리라. 며느리보다 딸이 퍼붓는 말에 미리 익숙해지길 바랐다. 다음에, 다음에는 어머니를 위로해 주리라. 어머니의 걸음이, 손길이 무겁다. 삶의 나이테는 감출 수가 없나 보다. 이제부터는 자식들 집에 놀러도 다니고, 여생이 조금은 편안해지셨으면 좋겠다.

정은 만들면서 사는 것이다. 만들면서 살아지는 정은 있어도 까먹으면서 살아지는 정은 없다고 한다. 큰오빠는 효자가 아니던가. 올케언니 역시 잘할 텐데 왜 미리 걱정을 하는 것일까. 다른 것은 자신 없으나 '어머니께 따뜻한 진지상 올리겠다'는 언니의 마음이 고맙지 않은가. 사람이 살아간다는 건 시간을 기다리고 견디는 일이라고 한다. 늘 기대보다는 못 미치지만 어쨌든 살아 있는 한 시간은 흐르고 모든 것은 지나갈 것이다.

어둠속에서도 환한 집, 고향집은 우리 가족의 전설이다. 어머니와 우리 형제의 삶을 고스란히 간직한 증명이며 기록이다.

□ 2013. 5.

텅, 삼나무

마다마다의 참한 내력이야 말해 무엇 하리. 아픈 역사와 곰살맞은 전설이 백골처럼 기록되어 있는 산사에 바람이 인다. 바람이 어깨만 스칠 뿐인데 하늘 향해 뻗어있는 나무는 함성을 지른다.

'다솔사多率寺'는 경남 사천 지방에 자리한, 1,500년 역사를 지닌 사찰이다. 풍수지리상 절의 자리가 '장군대좌혈將軍大座穴'이라고 한다. 자리가 자리인 만큼, 장군을 호위하는 군사집단이 바로 울창한 소나무 군락이었다. 다솔사는 명성 못지않게 볼거리, 들을 거리가 많았다. 대양루, 적멸보궁, 사리탑, 녹차밭 등이 꽁무니를 따른다. 그뿐만이 아니다. 불자들 외에 일반인의 관심을 끄는 유래가 제법이다. 국내 불교계의 항일운동 거점지였고, 만해 스님의 회갑잔치를 열었던 곳으로 알려져 있다. 지혜의 이슬이라는 '반야로'는 다솔사 주변에서 재배한 차茶이다. 솔바람 소리를 들으며 차 맛을 느껴보라고 할 만큼 명성이 높다. 또한 김동리의 소설 '등신불'의 소재가 된 곳이 아니던가. 아마 문학인들이 즐겨 찾는 이유가 이런 연유에서 기인된 것이 아닌가 싶다.

다솔사에 몇 차례 들렀다. 하지만 문학기행이라는 명목으로 부처님 전에 삼배만 올리고 신발 챙기기 바빴다. 한 번쯤은 느긋하게 시간을 묶고 싶어서 다시 찾았는지도 모른다.

자칫 그냥 지나칠 뻔했다. 한쪽 언저리에 있는 삼나무 고사목이 발목을 잡는다. 도량을 닦는 장소여서 그랬을까, 예사로 보이지 않고 혜윰으로 온다.

일행 중 그녀가 들어와 나랑 마주 섰다. 선택의 여지없이 배가 맞으니 딱 좋다. 이런! 붙박이고 싶다. 방황이란 오래 전부터 없는 뿌리를 앓는 병, 나는 한순간, 수만 가지 잎잎이 한 통 속에서 한통속이 된 것 같아 정말, 그대로 한바탕 씹하고 싶었다. 그 바람에 우듬지 꼭대기마저 펑, 병뚜껑처럼 열린다면 통천이겠다.

지역문단의 문 모 시인 시가 떠올랐다. 편견일까, 보통사람은 경내에 들어서면 옷깃을 여미는 게 통상적이다. 그런데 시인은 인간의 본질을 숨김없이 읊었다.

누군가 고사목에 '의미'를 부여했다. 속살속살 입으로 전해 오는 은어와 풍자는 잎 지고 뿌리 시든 나무에 떨림을 주었다. "삼나무 통 속에 들어가 봐, 인연이 엮여진다고 하네." 귀가 솔깃하다. 삼나무 통에는 머리를 숙이고 무릎을 꺾어야 들어갈 수 있다. 나무가 원했던 것은 아니다. 속인들 스스로 머리를 낮췄다. 나무 안은 텅, 비었다. 두 명이 들어간다면 몸을 밀착시켜야 할 공간이다. 눈이 향하는 곳은 나무의 꼭대기, 천 년의 도 닦음은 하늘로 승천하는 문을 만들어 놓았다. 나무 끝 파란 하늘에 구름이 걸려있다. 어쩌면 이렇게 속을 알뜰하게 비워 냈는지, '텅, 텅, 텅'이었다. 속을 텅, 비웠지만 창백하지도, 쓸쓸하지도 않은 나무다. 되레 속인들의 소원을 가득 담아 텅, 텅, 채웠다.

눈을 감고 묻는다, 그리운 사람이 있느냐고. 그렇다면 아직도 사랑인 것이다. 한낱 고사목이지만 의미를 부여했다면 신神이 될 수 있는 참선 도량이다. 사랑의 정의를 어느 선에 맞춰 가타부타 할 수는 없다. 주춧돌을 놓거나 기둥을 세우는 공식을 정해 놓은 것이 아니기 때문이다. 사랑은 그믐달에 마음 저리는 밥그릇만큼의 눈물일 수도 있고, 초원의 풀 냄새를 온통 장미꽃으로 피워 내는 몽롱한 매개가 되기도 한다.

감히 대웅전 부처님 전에 엎드려 양잿물 같은 욕망을 논할 수 있겠는가. 그러나 이곳은 진솔하다. 스스로 느끼는 모멸감에 무너지지 않아도 된다. 가슴에 파 놓은 연정의 우물에 돌멩이를 던지지 않아도 된다. 이 장소에서는 사랑이라는 명제가 바로, 욕망이 아니라 핏물 같은 순정이고 진실인 것이다.

천년을 살았고, 또 죽어서도 다솔사를 지키는 나무에 경건함이 묻어난다. 이 나무도 혹여 부처는 아닐까, 차라리 한 마리 목어였으면 좋겠다. 그동안 절을 지키느라 고단하였을 터이니 한 마리 목어로 재탄생되어 하늘바다를 유유히 헤엄치고 다녔으면 좋으련만.

발걸음을 떼려니 나의 존재가 헐겁다. 함성이 우렁찬 집단 속의 병사도 아니고, 절을 지키는 고사목 수문장도 아닌 나. 차라리 내 혈맥에 흐르는 '끼'를 끄집어내어 '한통속'의 날개를 퍼덕여 볼까.

잔 속의 찻물은 파도처럼 출렁이고 목탁 소리보다 더 큰 번뇌가 고요 속에 울렁인다. '발자국은 남겨두고 추억은 가져가라'는 현판의 말씀에 현기증이 난다. 나는 바람같이 펄럭이는 마음을 내려놓았는가, 아니면 다시 업고 오는 중인가.

□ 2012. 10.

목련꽃 지다

그녀의 눈물이 바람에 날렸다. 낱잎 흩뿌리는 연분홍 꽃잎, 지는 벚꽃이 서럽고도 서럽다. 흔적을 남겨서 무엇 하랴, 꺼이꺼이 토해보는 울음도 이젠 쇳소리를 낼 뿐이다.

봄놀이나 가자고 했다. 그녀의 겹겹 마음이 온통 젖어 무겁다. 그녀의 상처를 치료해 줄 수는 없어도 아픔을 달래줄 수는 있지 않을까. 양지녘엔 솜털 달고 나온 애쑥이며 취나물이 고개를 든다. 명지바람이 한 차례 지나가자 그녀는 엉덩이를 철퍼덕 내려놓는다.

"에미 가슴을 갈기갈기 찢어 놓은 년이여."

어쩌면 살결이 그렇게 고울까, 웃음 지은 모습이 목련보다 예뻤다. 수줍음 타는 모습에 애간장이 녹을 지경이다. 짝을 잘 만났으면 좋았을 텐데, 하필 유부남을 만날 게 뭐람. 다섯 살배기 딸아이의 엄마는 무릎 꿇고 사정하더란다. 자신의 남편을 돌려달라고. 한 여인의 눈물어린 호소를 먼 산의 메아리로 치부했다. 딸아이 잘 키워주겠다고 일언지하에 말을 잘랐다. 그 사랑은 분명 늪이었지만 그녀는 무지개만 좇았다.

자신의 마음을 허락한 남자가 아닌가. 그 사랑을 지키기 위해 나름대로 노력했다. 누가 뭐래도 믿고 믿었던 사랑이었다. 그러나 남자는 딸아이의 눈물을 외면하지 못했다. 어느 날부터 아이의 엄마를 만나고, 아이 역시 엄마를 애타게 찾고 있었다. 남자의 머리에 달린 더듬이는 이미 방향을 바꾸고 있었다.

남자가 한 대상의 여자에게 끌리는 감정은 일시적인 충동에 가깝다고 한다. 길을 걷다가 우연히 스쳐 지나가는 매력적인 여자에게 느끼는 감정과 별반 다를 게 없다. 사랑은 늘 새롭게 변했으면 좋겠고, 사랑보다는 '여자'를 얻는 데 주력하는 부류도 적잖다. 그 남자도 그런 부류였다. 사랑이 단순히 함정에 불과할 때 둘 중 한 사람은 성장하지만 다른 한 사람은 퇴보한다.

목련을 닮은 아이는 기도했다. 소소리바람에 몸 떨며 나뭇가지 끄트머리에 간들간들 연꽃 달고 하늘님께 빌었다. 자신의 사랑을 지켜 달라고. 돈 많은 남자 만나 부모님께 좋은 옷, 좋은 음식 사 드리며 효녀노릇 하고 싶었던 게 손익 계산만은 아니었을 것이다. 사랑만을 좇았기에 옆도 뒤도 돌아보지 않았던 것이다.

"엄마, 그 남자랑 그만 살래요."

집안은 벌집이 되었다. 안 된다고 뜯어말릴 때는 꽃가마 타느라 정신을 뺏겨 뒤도 돌아보지 않더니, 이제 와서 무슨 소린가.

"죽어도 그 집 귀신 되거래이."

하룻밤 자고 가겠다는 것을 등 떠밀어 내쳤다.

다음 날 들려온 소식에 노랗게 혼절한 에미는 며칠이 지나서야 말문을 열었다.

"지 심정은 오죽했을까. 하룻밤 자고 가겠다고 했을 때 하소연이라도 들어 주었으면 막바지까지는 가지 않았을 텐데."

자신의 사랑놀음이 허깨비였다고 느꼈다. 순간, 구름까지 올라가던 그네타기는 투둑 줄이 끊어지고 말았다. 그녀가 도

망치고 싶은 곳은 어디였을까, 결국 복수를 하고 싶었는지도 모른다. 목숨을 포기하면서까지, 불새 같은 사랑이었다고 자신을 합리화시키며 결국 소멸의 길로 들어섰다. 스물다섯의 연꽃은 결국, 제 무게를 못 이겨 철퍼덕 떨어지고 말았다.

사랑은 사랑할 때 아름답다. 사랑이 식으리라고는 생각지 않는다. 자신이 선택한 사랑은 반듯하다고 줄 세우지만, 혼자만 줄 서는 것은 아니잖은가. 삼자가 보는 입장에서는 함정에 빠진 사랑이었다. 단지 돈 많은 남자에게 침투한 프라그마(pragma)였다고 뒤에서 수군거렸다.

떠난 사람은 말이 없으니 그 고통을 알 수가 없다. 그리고 남은 사람은 떠난 사람을 잊으려 몸부림친다. 시간이 지나면 희석될까, 밑바닥에 가라앉은 앙금은 한 번씩 요동치며 봉합되지 않은 상처를 후빈다. 숨 멎는 날까지 쓰라린 통증으로 지내야 하는 사람은 바로 에미인 것이다.

"몹쓸 것, 하필 창고에서 목을 매다니. 에미 생각을 손톱만큼이라도 해 봤다면……."

가슴으로 우는 에미는 눈물자국을 남기고 싶지 않다. 뒤에서 수군거리는 소리에도 이력이 났건만, 마음껏 우는 것도 흉이 될까 두렵단다. 에미는 딸을 잊는 게 아니다. 남에게 자신의 눈물을 보이고 싶지 않은 것이다. 모정의 눈물은 화르르 피었다 또 화르르 진다. 마른 눈물 같은 꽃잎은 바람이 부는 대로 이리저리 흩어졌다. 화사함도 진다. 향기도 진다. 소리 없이 꽃도 진다.

벌써 두 번의 봄이 그녀의 치마폭에 앉아 눈물을 떨군다. 꿈이었으면 좋겠다고 넋두리를 한다. 정신이 번쩍 들자 햇살이 자신을 갉아먹는다며 몸서리친다. 노랑나비처럼 너울너울 날고 싶은 봄날, 발걸음이 무겁다. 에미의 헛발질이 휘청거린다.

어깨를 감싸안았다. 그녀의 가슴에 박힌 딸아이의 유리조각이, 아프다. 때로는 말없이 바라보아 주는 것도 위안이 되리라.

툭, 목련꽃 진다.

□ 2013. 4.

연애학 개론

관계關係란 때로 잔기침을 한다. 몸살을 앓을 정도라면 연인과의 이별이거나 친한 사람과의 감정다툼일 수도 있겠다. 수시로 얼굴 맞대는 지인도 조심해야 할 터, 쿨럭이는 기침소리가 자칫 독감으로 갈 수 있다. 어느 관계이든 무서리가 내려서는 아니 될 것이다.

황당한 사건이 벌어졌다. 우리의 만남은 오래 묵어 향 깊은 술처럼 그윽하다고 자부했다. 서로의 가정사는 말할 것도 없거니와 '애인 수업'까지 들먹이며 깔깔거렸다. 우리에게 나이의 등고선은 있을지언정 마음만은 늘 평행선을 달렸다. 어떻게 '내 마음'이 '네 마음'이 될 수 있으며, '네 마음'이 '내 마음'이 될 수 있으랴. 그러나 세 여자는 서로에게 부족한 점을 감싸주며 숭숭 뚫린 바람구멍을 이렇게 저렇게 메워주는 것이 진정한 우정이 아니겠냐고 입을 모았다. 예전처럼 한참 웃고 떠들었다. 너나들이에 화르륵 화르륵 메밀꽃을 피우던 중, 갑자기 언성이 높아졌다.

A지인이 저녁에 초대했다. 접시 가장자리를 색동야채로 예쁘게 돌려 담고 중앙에 해파리를 올린 냉채, 파프리카를 썰어 넣어서 무친 잡채와 불고기, 고디를 넣어서 끓인 된장찌개가 식탁을 푸짐하게 만들었다. 나는 추석에 선물 받은 와인을 가져갔다. 세 여자는 힘차게 건배를 외쳤다. 기분이 알딸딸하니 몸이 후끈하게 달아오른다.

항상 그렇듯이 막내인 내가 바람잡이를 한다. "빠구리 야그 좀 해 주이소~." 야한 얘기는 비속어로 주고받아야 더 재미있지 않은가. 빠구리가 여자를 '덥석 먹는다'의 일본 말이든, '박다'의 어원인 한국말이든 개의치 않는다. 언젠가 자리를 함께했던 식당 여주인이 보고파진다. 그녀는 유쾌하게 웃어 제치며 말을 툭툭 던졌다. "똥배가 나온 여자는 배에 '에어air'가 차서 그래. 남녀가 펌프질을 해야 바람이 빠지는데……." 나와 A지인은 그 자리에서 뒤로 넘어질 뻔했다. 얼마나 웃었던지 눈물이 줄줄 흘렀다.

이야기는 섬돌을 쓸고 가는 바람처럼 유유히 흐른다. 세 여자는 '연애학 개론'을 들먹였다. 내가 꿈꾸는 이상형 남자를 얘기하면 B지인이 고개를 가로로 젓고, B지인이 원하는 남성상에는 A지인이 고개를 절레절레 흔들었다. 꽃띠도 아닌 이 나이까지, 어떻게 이상형 남자를 마음에 꼭꼭 숨겨두고 지냈는지. 연애를 '간식 대용'으로 사용치 못하는 현실을 원망할 수밖에.

연애학은 감나무에 달린 홍시처럼 빨갛게 구워졌다. 침을 꼴깍 삼켰다. 이러 저러한 예를 들어가며 따끈따끈하게 달궈진 이야기에 보태, 아슬아슬한 상황이 전개되기를 목을 빼고 기다리는 중이었다. 아, 그런데 여기서 서로의 상반된 입장이 '번쩍' 부딪혔다. 한 지인은 관상학 차원에서 남자 보는 법을 설파했고, 또 한 지인은 마음이 통해야 한다는 심리적 차원에서 공방전을 벌인 것이다. 너무 열띤 연애학이었다. 서로의 목소리가 높아졌다. 진지하다 못해 속엣 말까지 끄집어내어 언쟁의 불씨를 튀긴다.

이게 아닌데, 꽃봉오리 열릴 듯 말 듯 아찔한 순간의 연애학을 초롱같이 기대했건만. 나의 바람은 붕붕 뜨다가 만, 그야말로 바람 빠진 풍선이 되어 버렸다. 한창 달달하고, 꼬시

하던 맛이 졸지에 쓴맛으로 변해버렸다.

두 지인의 틈바구니에서 헛기침을 한다. 이 싸늘한 상황을 상큼하게, 아니면 유들유들하게라도 반전시켜야 하는데 도저히 머리가 회전하질 않는다. 세 명이 앉았으니 편 가르기도 못하고, 그렇다고 한쪽에 손을 들어 줄 수도 없다. '그래, 오늘은 끝장을 보이소. 치고 박고 싸우며 오해도 푸소'라며 부채질을 할 수도 없고, 그렇다고 무작정 스톱을 외치며 찬물을 끼얹을 수도 없는 노릇이다. 에라이 모르겠다. 둘이서 해결하든지, 아니면 그만 하라고 중재를 했다.

하루만 전화 통화를 하지 않아도 궁금하고, 서로의 속내를 보이며 곰팡이 필세라, 먼지 앉을세라 이야기꽃 피우는 사이가 아니던가. 살다 보면 이런저런 말다툼이 어찌 없으랴. 너와 나의 생각이 다르고 이상형이 다른데, 하물며 사람을 평가하는 기준이 꼭 같을 수는 더더욱 없지 않은가. 남자를 바라보는 서로의 '시력' 차이에서 오는, 정말로 사소한 의견으로 빚어진 사건이었다.

우리의 정 나눔 두께가 결코 만만치는 않으리란 걸 안다. 분명 며칠 지나면 두 사람은 언제 그랬냐는 듯이 깔깔거릴 것이다. 아이는 싸우면서 크고, 어른은 다툼 뒤에 자신을 돌아보며 성장하지 않는가. 꼴난 연애학 들먹이다가 이게 뭐람. 연애학, 정답은 없다. 직접 현장실습을 해야만 답이 나올 것 같다. 지인 댁의 따끈한 방바닥에 드러누워 마냥 행복해 했거늘. 연애에 대한 공부는 이렇게 따로국밥이 되었다.

별일 아닌 '순간의 언쟁'으로 냉기가 가득한 지금, 나는 버겁다. 두 지인 틈에서 웃어야 할지, 울어야 할지 눈치 보기 바쁘다. 마늘소스를 끼얹은 해파리냉채를 배가 부르도록 먹었건만 왜 이리 허기지는지. 딱 술 한 잔만 더 마셨으면 좋겠다.

우라질, 창문 밖 나뭇가지에 걸린 달은 왜 이리 밝은 거야.

□ 2012. 10.

울림

"뎅~"

두 손을 모았다. 산중에 울려 퍼지는 종소리는 긴 여운으로 꼬리를 물었다. 그 기운이 산속으로 묻힐 즈음 다시 뎅~하고 울렸다. 경내의 400년 된 벚나무도 속을 비워 참선하고 있다. 사방이 산으로 둘러싸인 곳, 그 산속에 병풍처럼 둘러친 적송 숲 한 가운데 연꽃모양 지형에 자리한 산사가 아늑하다.

여름날의 해는 길었다. 바람이나 쐴 겸 남지장사에 들렀다 오자는 친구를 따라 나섰다. 천년 고찰은 편안히 맞아 주었다. 주차장에서 내려 계단을 밟고 광명루를 오른다. 계단이 끝날 즈음 고개를 들어 대웅전을 바라보는데 종소리가 울렸다. 한바탕 퍼붓던 소나기 잦아들고 풋풋한 솔숲의 기둥 사이를 뚫고 종소리가 긴 울림으로 퍼져 나간다.

남지장사에는 천왕문이나 일주문이 없다. 팔공산과 비슬산의 중간 지점 거리인 최정산에 자리하며 본래의 절 이름은 전해지지 않는다. 신라 신문왕이 전쟁터에서 죽은 원혼을 위로하기 위해 지장사를 다섯 군데 창건하였다는데, 현재는 팔공산의 북지장사와 최정산의 남지장사만 남아있다고 한다.

종소리에 귀를 열다 문득 종각 아래 눈길이 꽂혔다. 범종 아래 뚜껑 없는 빈 항아리가 묻혀있다. 스님께 여쭤보니 항아리가 종소리의 울림을 모아 여운을 남기는 역할을 한단다. 스님이 '당목'을 내어 준다. 범종의 연꽃모양 무늬가 그려진 '당좌'에 중심을 맞춰 종을 쳐 보라고 한다. '범'이란 '우주만물의 진리'라는 뜻을 담고 있다. 모든 중생은 종소리를 듣는 순간 번뇌가 사라지고 악에서 벗어나게 된단다. 지옥중생까지 제도한다고 하니 종소리의 의미가 크다.

스님이 소원을 빌어보란다. 소원이라, 친구는 중얼거리며 건강을 염원했다. 마주잡은 종대의 방향키를 친구에게 넘겨주며 친구와의 우정을 기원했다. 산사의 저녁종소리를 몇 번 들은 적은 있으나 직접 쳐 본 것은 처음이다. 너무 숭고한 경험이라 마음이 겸허해진다. 우리는 산사의 종소리를 품으며 특별한 시간이라고 입을 모았다.

자비방생종, 종은 아침과 저녁에 세상의 문을 여는 '열쇠'였다. 아침에 서른세 번의 종소리로 하늘 문을 열고, 저녁에는 스물여덟번의 종소리를 울린다. 그 이유를 여쭈어 보았다. 낮에는 모든 문을 열어 놓지만 밤이 되면 아귀들이 출몰하니 아예 그들이 나오는 다섯 개의 문을 차단하기 위함이란다.

산사는 우리의 숨결을 듣고 있을까, 우리의 발자국 소리를 담아 두었을까. 다음에는 산행을 오라는 스님께 합장하며 돌아섰다. 갑자기 소설의 한 대목이 떠오른다. '당신은 지금 어디에 있습니까. 한 사람이 한 사람을 만나 사랑한다는 것에 대해, 한 시대를 한 사람과 사랑한다는 것에 대해, 자신과 사회와 세계 사이에서…….' 자신과 사회와 세계 사이에서, 그리고 속세와 내세 사이에서, 그 많은 사이에서, 나는 지금 어디에 있는가. 어느 쪽을 바라보는가.

고요함이 밀려온다. 땅거미는 모시 보자기처럼 마당의 네 귀퉁이를 조심스레 모아 어둠을 묶는다. 탁류처럼 범람하던 마음이 고향을 찾아가는 연어처럼 간절하다. 나는 스스로 그물을 뒤집어썼다. 지느러미가 요동친다. 미처 감출 수 없는 마음이 낚여 파닥인다. 진한 감정이 꿈틀거린다. '위안 받고 싶다'는 허기가 밀려온다.

사람과 사람의 결합은 받아들이는 것이 있으면 주는 것도 있어야 한다는데, 나는 누군가에게 위안을 주었던가. 누구나 생각의 차이는 있게 마련이다. 소원도 각양각색, 마음씀씀이도 다양하다. 결코 타인에게 누를 끼치고 싶지는 않다. 욕심이든 흑심이든, 빨간 색깔에 손을 데였다 해도 그건 순전히 나의 몫이다. 그냥 '위안 받고 싶다'는 내 마음일 뿐이다. 이런 마음도 죄가 될까. 그렇다면 부처님 전에 엎드릴 수밖에. 토막 난 어수선한 마음의 생채기를 도려낸다.

"부처님, 나를 치소서. 내 육신과 마음에 멍이 들도록."

마음을 비운다고 내 안의 울림이 있을까. 그것은 아닐 것이다. 내가 선 자리, 그 아래에도 빈 항아리를 묻어야 할 것이다. 소나무는 산중에 있을 때 더 향기롭고 풀꽃도 수풀 속에 있을 때 더 청초하다. 그러나 마음은 쉽게 가늠할 수가 없다. 정작 내 자신의 '설 자리'를 잘 잡았는지, 그것도 의문이다.

조용히, 종소리를 품는다. 마음이 가벼워진다. 이런 게 만다라지 싶다. 뜨거운 비등점을 향해 합장한다.

"뎅~"

마음의 영양실조를 종소리, 그 울림으로 메운다. 어둠을 밀어낸 울림이 꽃처럼 환하게 피어난다. 내 하루, 서서히 밤을 안는다.

□ 2013. 7.

집착이냐, 방치냐

답답하다. 나도 내일이면 오십인데 남편 눈치를 보며 산다는 게 여간 신경 쓰이는 게 아니다. 저녁 외출 시 허락을 받아야 하고, 자정이 넘으면 외박으로 간주해 버리니 시간이 지날수록 좌불안석이다. 어떤 이는 남편의 사랑이 과하다 하고, 어떤 이는 책잡힌 일이 있느냐, 그래서 구속하는 것이 아니냐고 한다. 남편의 집착은 때때로 도를 넘어 목소리가 담장을 넘는다. 물론 모임이 잦아서 그럴 만도 하겠지만 나돌아 다녀야 활력이 생기는 천성까지야 어떻게 바꿀 수 있겠는가.

부럽다. 지인들은 보름씩 해외도 다녀오고 일박이일 여행도 거뜬하게 다녀온다. 모임에 가서도 편안히 놀다가 새벽에 들어가기도 한다. 저녁때가 되면 외식을 하든지, 아니면 분식을 시켜 먹으라고 남편한테 통보한다. 아내가 모임에서 마음 편히 놀다 오도록 해 주는 것이 사랑 아니냐는 남편도 있고, 너무 늦지 말라는 전화나 문자만 하고 코를 고는 남편도 있단다. 그런 남편들의 배려를 보면 먼 나라 얘기로 들린다.

아내는 남편의 부속물이 아니다. 남편의 소유물은 더욱 아닌 것이다. 부부간에도 예를 지키며 각자의 개성을 존중해 주어야 한다. 그런데 집 안에만 있으라고 한다. 나는 집을 지키는 강아지가 아니다. 밖에 다닌다고 집안일을 소홀히 한 적도 없으며 허투루 살지도 않았다. 모임에 갈 때면 반찬을 가득 준비해 두고 나가는 편이다. 그런데도 남편은 달랑 라면을 끓여 먹는다. 식탁에 차려주지 않으면 먹기 싫다며 내가 만든 찬에는 젓가락을 대지 않는다. 마누라 속 뒤집어 놓으려고 작정한 사람 같다. 나이가 들어갈수록 더 심하게 간섭을 한다. 밖에 쏘다니려면 이혼을 하고 다니든지, 아니면 집 안에 가만히 앉아 있으란다. 머릿속에 거친 파도가 친다. 딸아이의 장래를 봐서 이혼은 무리고 별거라도 해야 할까.

기어이 폭발하고 말았다. 숨이 막혀 못 살겠으니 '생각' 좀

하련다는 일방적인 통보를 하고 지인들과 여행에 나섰다. '아내의 일에 너그럽게 협조하는 남편이 드뭅니다. 생불님께 잘하세요. 계좌에 쥐꼬리 하나 얹었습니다. 근심 다 비우고 크게 충전해 오시도록.' 나의 고민은 윗사람까지 걱정을 끼치게 한다.

부모형제들의 반대를 무릅쓰고 선택한 사랑이었다. 악조건 속에서도 싹 틔우고 꽃 피웠다. 그런데 비바람 분다고 이제 와서 나무 밑동을 잘라 버릴까. 나는 친지와 이웃의 따가운 눈총을 감당할 자신이 없다. 하기야 입장을 바꿔 생각해 보니 종일 일하고 퇴근해서 혼자 밥상 차려 먹으려니 짜증이 날 만도 하겠다. 다시 구겨진 마음을 편다. 옛날에 남편을 따랐던 그 용감함을, 그 따스했던 마음을 상기한다. 여행에서 얻은 결론은 제자리 뜀뛰기였다.

지인 집에 들렀다. 형광등이 흐릿하다. 눈알 빠진 등도 보인다. "등을 갈아 끼우지 않은 걸 보니 남편이 바쁜가 봐요." 엘리트형인 지인의 남편은 깔끔한 인상에 매너도 좋다. 아이들의 등하교와 학원 길에도 기꺼이 승용차를 운전해 준다. 아내가 모임에서 늦어도 타박하지 않는다. 그런데 그 남편은 손재주가 없단다. 집안의 가전제품이나 소소한 잔일에도 손을 놓고 있단다. 지인은 한숨을 쉰다.

다른 지인들도 넋두리를 한다. 남편에게 받아쓰는 생활비가 짜다 보니 알바도 해야 하고, 가끔 남편한테 무시당하는 말을 듣는단다. 자기 자신을 사랑하기에 남편 말에 개의치 않고 즐길 수 있을 때 최대한 누린다는 지인도 있다.

이게 뭐람. 이웃집은 부부가 합심하여 행복의 도자기를 빚는 줄 알았다. 지인들의 그 자유로움이 부러워 배추의 푸른 겉잎 몇 장 뜯어보았을 뿐인데 상상 외로 속이 물렀다. 항아리는 멀쩡할까, 소금은 천일염을 사용하는 것일까. 심히 각 가정의 김치 맛이 염려스럽다. 하기야 어떤 이는 '완벽'한 맛을 낸다고 하겠지만 입맛은 천차만별이니 기준을 세우기도 어렵겠다. 각기 배추김치를 좋아할 수도, 깍두기를 좋아할 수도 있으니 입맛에 맞는 것을 담가 먹으면 되는 것을, 걱정이 오지랖이다.

우리 집 남자, 그 남자는 손끝이 여물다. 전등이 어두우면 잽싸게 갈아 끼우고 수도꼭지며 문고리 장석이며 말끔하게 손질해 준다. 궁둥이 한 번 쓰다듬어 주고 어깨 한 번 주물러 주면 병원에도 데려다 주고, 시장에 따라가 무거운 보따리도 거뜬하게 들어주지 않는가. 피곤에 절어 있다가도 바다가 고파 징징 짜는 소리를 내면 마누라를 위해 기꺼이 운전대를 잡고 동해로 향한다. 때로의 집착으로 힘들게 하지만 항상 함께하고파 하는 남편의 마음을 읽는다.

부부간의 사랑, 새삼스럽다. 이 나이에는 차라리 연민이라 표현해도 무방하리라. 남편의 집착이 사랑인지 의심인지, 남편의 방치가 사랑인지 믿음인지는 그 남자와 살고 있는 아내들만이 아는 일이다. 젠장, 아내를 힘들게 하는 남자, 너무 이기적이다.

□ 2012. 7.

상사화

상사화가 시야에 들어왔다. 미리 피어 지는 꽃도 있으나 그래도 한창이다. 분홍색으로 치장한 군락지가 발길을 잡는다. 탑돌이 하던 큰애기를 염모하던 스님이 상사병에 걸려 시름시름 앓다가 세상을 떠났다. 스님은 상사화로 피어났다. 이른 봄에 올라오는 이파리는 큰애기일까. 이파리 시들고 마른 땅을 힘겹게 뚫고 염천에 피어나는 꽃은 스님의 넋이려나.

성주 수도산 중턱에 자리한 수도암은 해발 천 미터에 자리한 산사이다. 신라 시대 도선 국사는 부처님의 영험함이

깃든 터를 발견했다며 칠일 간 춤을 추었다고 한다. 가람은 크지 않으나 유서 깊은 문화재가 곳곳에 자리하는 것을 보면 그 명성이 어떠했을지 짐작이 간다. 대적광전의 석조 비로자나불 좌상은 특유의 지권인智拳印(왼손 집게손가락을 오른손으로 감싸고 오른손 엄지손가락으로 왼손 집게손가락을 누르고 있는 형태)이다. 이는 중생과 부처가 둘이 아니라는 뜻을 담고 있다.

대적광전에 앉아 어간문으로 바라보니 가야산 상왕봉(연화봉)이 왕관을 쓰고 있다. 평등한 위치를 몸소 실천하는 일자봉이 누워 있고, 공덕을 의미하는 연꽃모양의 봉우리가 구름을 보듬으며 고고하게 솟아 있다. '지금 네가 선 자리를 꽃방석으로 만들라'는 불가의 말씀이 염주알처럼 머릿속을 구른다. 망설이지 말자. 시간은 돌아봐 주지 않는다. '무언가'를 결정하지 못해 우물쭈물 하는 사이 꽃방석은 시들 수도 있으리라.

부처님께 삼배를 올린다. 태양처럼 빛을 나눠주는 부처님 앞에 앉아 마음의 똬리를 푼다. 부처님은 개인의 낱낱 소원은 들어주지 않는다고 한다. 허나 조급한 마음은 머리부터 조아린다. 사람이란 무의식적으로 욕망을 가지게 마련이다. 자신을 합리화시키며 정당하다고 목소리를 높인다. 욕망을 자발적으로 받아들일 때 우연이든 숙명이든 시작되는 것이라고 애써 변명한다.

상사화, 그 내력이 안타깝다. 애끓는 사랑을 표현도 못 해보고 그렇게 시들어야 했다니. 그 사연이 애달파 꽃으로 환생시킨 전설이 처연하다. 따지고 보면 사랑도 능력인 것이다. 그 능력은 스스로 타고난 것이 아니라 살아가면서 터득하고 학습하며 길러진다고 한다. 그러면 사랑이 죄런가. 죄를 짓고 싶은 사람은 없을 것이다. 어쩔 수 없는 인연에 엮이어 아파한다. 상사화로 피어난 스님도 그렇지 않았을까. 바보 같은 사랑을 하면서 괴로워하다가 결국은 꽃으로 환생한, 영적 영역으로 들어선 것이다.

산바람 한 줄기 슬픈 꽃의 얼굴을 보듬는다. 고개를 떨군 상사화가 중얼거린다. 짝사랑은 말자. 사랑은 활동성이다. 자칫하면 피상적일 수밖에 없는 인간관계를 심층적이고 다변화시키는 것이 사랑이다. 사랑은 고귀하고 순결한 것이다. 사랑을 통해서 새로운 관계를 맺고 수많은 감정과 사유를 발전시킬 수 있는 것이다.

상사화의 기운 사연은 접기로 했다. 비로나자불의 보살핌이 가득한 산사에서 합장한다. 사랑, 그것은 흔들리는 가느

다란 풀꽃의 몸짓이고 돌 틈 사이를 헤집고 들어가는 여울인 것이다. 마음으로 막을 수 없고, 힘으로도 제어할 수 없는, 꾸역꾸역 토해내는 그리움인 것이다. 사랑의 대상을 누가 소유하고 있는가는 별 의미가 없다. 그 집을 사용하는 사람이 임자인 것이다.

행여 마음이 빈 술병처럼 뒹구는 날엔 수도암을 찾을 일이다. 상사화가 지고 없다면 그 빈터라도 눈에 넣을 일이다. 잎 지고 나서, 그 잎 진 자리에 꽃이 피어나니 '만날 수 없는 사랑'이라고 말하지 말자. 뿌리는 한 몸으로 엮어진 '영원한 사랑'인 것이다. 남들의 눈에만 상사화인 것이다. 상사화, 그 낯익은 냄새를 맡을 일이다. 부처님 전에 손 모았던 순수했던 마음을 기억할 일이다. 아찔했던 순간의 향기를 파고들 일이다.

□ 2013. 8.

나이 오십, 고등어

좌판에 고등어가 누웠다.

한 무더기씩 쌓아 놓은 자잘한 것, 매끈하고 푸른빛이 물씬거리는 생물 고등어가 누워있다. 윤기가 사라져 탁해 보이는 것, 알맞게 숙성되어 탄력 있고 실한 자반고등어도 있다. 동짓달의 해는 짧아 오후 5시의 햇살이 지쳐간다. 떨이한다며 상인이 눈을 맞춘다.

인생 오십 년, 나름 열심히 뛰었다. 결승점을 정해 놓은 것은 아니었으나 '지금보다는 더 나은' 환경을 동경했다. 내 방식대로의 틀에 내 자신을 맞추려 노력했다. 그러나 마음먹는다고 다 이루어지는 것은 아니었다. 세상에 만만한 것은 없었다. 노력이 부족했을 수도 있겠다. 얻는 것이 있으면 잃는 것도 있다는 것을 오십이 되어서야 알았다. 이제는 마음을 접는다. 명성과 부를 얻지는 않았어도 사회의 소시민으로서 부끄럽게 살지 않았다는 것을 위안으로 삼는다.

그녀 1은 오십이 두어 해 남은 강단에 선 교수다. 가르치는 데도 그렇거니와 몸매 관리에도 열성이다. 그녀 2는 오십이 되기 전부터 사업가다. 사업가로서의 신조는 성실과 미소를 꼽는다. 그녀 3은 사십대 중반에 집이 네 채다. 항상 겸손하다. 그녀들의 웃음소리가 싱그럽다. 자신만만하다. 그녀들을 받쳐주는 둔덕도 있었겠지만 자신들의 땀방울도 컸으리라.

시든 풀잎같이 푸석이는 일상이 안타깝다. 그녀 4의 주름진 손에 물기 마를 날이 없다. 사십대 중반에 이혼하여 혼자 살아간다. 아이들을 가끔씩 만나는데 늘 주머니 사정이 여의치 못해 친구한테 손을 벌린다. 오십인 그녀 5는, 술을 좋아한다. 외손자 만나는 기쁨이 크단다. 두 번의 가정생활 실패가 되레 낙천적인 성격으로 바뀌었다. 춤추고 놀러 다니고, 그 웃음이 아리다.

떨어진 꽃잎은 떫다. 그녀 6은 열심히 살았으나 암이라는 괴물에게 지고 말았다. 사십대 초반에 두 아이를 두고 어떻게 눈을 감았을까. 그녀 7은 유방암 말기다. 항암치료를 받느라 가족은 뿔뿔이 흩어졌다. 남편이 병수발 들고 어린 것들은 친척집에 맡겨졌다. 어린 것들은 어미의 손길을 그리워한다. 삼십대 그녀는 희망의 햇살을 바짝 움켜쥐고 있다.

그녀 8은 칠십이 넘었어도 대학졸업장 안으려 방송대에 다닌다. 아무리 외워도, 읽어도 바람소리처럼 빠져나가는 지식을 잡을 수가 없단다. 읽고, 쓰고 또 외운다. 가끔 가문 땅에 빗방울 듣는 소리가 들린다, 과락을 면했노라고.

나이 오십은 싱그러운 여름이 아니다. 싹 틔우고 꽃 피웠으니 결실을 맺을 나이다. 하루로 보자면 오후 5시 같은 시간이다. 여름날의 오후 5시는 그래도 밝음이다. 인생 오십은 초가을 날의 오후 5시다. 튼실한 알곡이 영글어 가는, 추수를 기다리는 겸허한 시간이다. 햇살의 농도를 헤아릴 줄 알고, 바람의 길도 내어줄 줄 아는 나이다.

좌판의 고등어를 본다.

나이 오십, 푸른빛 도는 싱싱한 생선은 아니다. 어쩌면 자반고등어 같은 것, 그러나 '딱' 맞는 간으로 자리하기란 쉽지 않다. 때로는 간이 짜서 우려야 하고, 또 때로는 덜 절여져 싱거울 수도 있다. 각자의 성향에 따라 '맛'이 있을 수도 있으나 모두 '적당한' 기준의 지렛대를 갖춘 것은 아니다. 며칠 숙성되어 간간하다면 금상첨화이겠다. 자신의 기름에 찌들어 산화된 맛도 있을 것이다. 그러나 싱싱하지는 않아도 쉽게 변하지 않는 나이다.

내 인생 오십이다.

'하고 싶다', '해야겠다', '갖고 싶다'는 마음을 접는다. 욕심은 끝 간 데 없이 나 자신을 묶는 일이다. 누구에게 함부로 조언을 해줄 나이도 아니며 그렇다고 충고를 들을 나이도 아닌 것이다. 이제는 순리대로 따르련다. '바라본다', '헛기침 한다', '천천히 간다'는 쪽으로 마음 길을 연다.

인생 좌판에 진열된 나를 본다.

□ 2013. 10.

24시간

♧ 넘보다 못한 여자

마음이 무너지는 가을이다. 온전히 서 있을 수가 없다. 카리스마 있는 사람이 남의 말을 댕강댕강 잘라먹는 이기주의자로 보이고, 마음 주고받는 연인들의 예쁜 사랑 이야기도 귓등으로 흘린다. 벌써 며칠째 머리가 지끈거린다. 만사 귀찮고 모든 게 칙칙하기만 하다.

며칠 전이었다. 우연히 남편의 핸드폰을 열었는데 '넘보다 못한 여자'가 입력되어 있었다. 어떤 여자일까, 궁금증을 참지 못해 전화번호를 확인하는 순간 다리가 휘청거렸다. 머릿속이 하얘지고 몸에 경련이 일어났다. 그 번호는 바로, 나의 것이 아닌가. '넘보다 못한 여자'라니, 그 '넘'이라는 기준은 어디에 둔 것일까. 마음을 진정시키기가 쉽지 않았다. 그렇다고 따질 수도 없었다. 핸드폰을 열어보았다는 질책도 그렇거니와 남편의 사생활을 탐색하는 못난 모습을 보여주기는 더더욱 싫었다.

잠자리에 스치는 남편의 손길에 소름이 돋았다. 반사적으로 나의 몸은 튕겨져 나갔다. 요즘 객지에서 생활하는 남편은 오랜만에 운우지정을 나누고 싶었으리라. 싸늘한 아내의 태도에 화가 났는지 어둑새벽에 옷을 챙겨 입고는 휑하니 집을 떠났다. 서로 연락까지 두절되었다. 그랬다. 요즘 마음이 편치 않고 매사가 뒤틀리는 것은 바로 남편과 나 사이에 엉킨, 풀지 못한 매듭이 원인이었다.

2012년 11월 17일 오후 1시 30분, 집을 나섰다. 고속버스와 기차의 소요시간 등, 인터넷을 꼼꼼히 검색했다. 고속터미널에서 우등고속에 올랐다. 대전까지 두 시간 소요라고 했는데, 아차차 토요일이라 길이 밀리는 것을 감안하지 못했다. 30분을 더 길바닥에 허비하고 도착한 대전에서 다시 건너편 시외버스 터미널로 이동하여 공주행 버스표를 끊었다. 40분이면 도착한다고 했는데 대전 시내를 빠져 나가는 시간만도 40분이 더 걸렸다. 남편한테 연락을 넣었더니 다짜고짜 화를 낸다. “여기가 어디라고 오느냐.”며 목소리에 잔뜩 짜증이 묻어 있다. 공주 터미널에 마중 나온 남편을 따라 승용차로 40여 분을 더 달려 청양에 도착했다. 남편이 숙식하는 곳은 청양에서 더 가야 하는 오지마을이란다.

말을 해야만 했고, 가시나무에 찔린 마음을 열어야만 했다. 우연을 가장하며 탁자에 올려놓은 남편 핸드폰을 열었다. “넘보다 못한 여자가 누구에요?” 방 안의 조명이 노안이라고 애써 변명할 기회는 주지 말아야지. 어차피 각본은 준비해서 오지 않았던가. 부부간에도 한두 가지 비밀은 있겠지만, 맨살 비비는 사람에 대한 예의는 아니라고 본다. 넘보다 못하다는 것은.

남편에게 가정은 햇살 같은 궁전이었단다. 어느 순간부터 아내는 바빠졌고 마음을 나눠주지 않았다. 문학모임이라며 펄럭이는 깃발 들고 쏘다니고, 정치판 구경한다며 또 빗자루까지 들고 설쳐댔다. 직업상 장거리 출타하는 날이 많아, 모처럼 따뜻한 밥 한 순갈 얻어먹으려 서둘러 집에 오면 텅 빈, 어둠만이 감도는 집에 헛헛함이 밀려왔다. “반찬이 없냐, 빨래를 안 해주냐.”라는 쫑알거림에 “혼자가 아닌, 아내와 마주 앉아 밥 먹고 싶다.”는 폭발을 여러 번 되풀이해도 여전히 콧방귀만 뀌었다. 외로움의 화살이 마음을 관통하고 지나갔다.

아내는 남들에게 잘하려고 애쓰면서 정작 가까운 남편을 외면했다. 어느 순간 자신은 '남보다 못한 남자'가 되어 있었다. 아내가 미웠다. 역설적으로 그녀는 '넘보다 못한 여자'가 되었던 것이다.

나는 할 말을 잊었다. '배려해 달라'는 말이 더 이상 입 밖으로 나오지 않았다. 아내의 입장을 이해해주지 않는 밴댕이 같은 남자라고, 심한 말을 퍼 부은 것이 한두 번이 아니잖은가. 그는 바스라지기 직전의 마른 낙엽같이 쓸쓸해 보였다. 이렇게 가여운 남자를 보았나, 와락 남편을 안았다. 나이가 몇이냐고 물을 필요는 없었다. 모성애를 갈구하는 남자는 어머니의 관심과 사랑을 받고 싶어, 점철된 마음을 아내에게로 옮겨왔다. 나이가 들어도 어리광을 부려야 하는 남자 마음속에 내재된 나이는 여섯 살 철부지가 아니던가. 우리 부부의 매듭이 아직까지 뒤죽박죽은 아닌 모양이다. 공주지방의 특산물인 '알밤' 전문 요릿집으로 데려가 배고플 테니 많이 먹으라고 챙겨주는 남편의 마음이 살갑고, "왜 왔느냐."고 퉁퉁거리는 목소리엔 장거리 여정에 고생했다는 염려가 배어 있었다.

미안함, 가족을 위해 고생하는 고마움, 여러 가지 단어들이 꿈틀꿈틀 남편의 품속으로 파고들었다. 산골 날씨는 매워서 감기 걸리기 십상이라며 남편은 자신의 내복을 벗어주었다. 찬바람 시린 하늘에 별무리, 살캉살캉 허물을 벗었다.

♧ 인연 길

11월 18일 6시. 희뿌염한 거리로 나왔다. 요즘은 일이 바빠서 쉬는 날이 없단다. 건설업에 종사하다 보면 시공일 맞추느라 눈코 뜰 새 없이 바쁠 때가 있고, 준공허가가 나지 않아 무작정 놀면서 기다리는 날도 많다. 첫차는 7시 2분이다. 차 타는 것을 보고 가겠다는 남편의 등을 밀었다. 현장에서 기다리는 사람들을 생각하라며, 괜히 시간 늦어서 남에게 책잡히는 것은 바라는 바가 아니라고.

청양 지방은 고추 자랑에 여념이 없다. 청양고추는 청송과 영양을 지칭한 개량종으로 알고 있는데, 청양 지방엔 가로등도 고추 모양이다. 기온은 정확히 0도이다. 오소소 한기가 든다. 어제는 낯선 길에 대한 설렘보다 두려움이 앞섰다. 그러나 오늘은 느긋하게 여행을 즐기리라. 칠갑산이 한바탕 요동을 치더니 태양을 분만한다. 붉은 불덩이다. 이른 아침인데도 버스 안에는 생동감이 넘친다. 중절모에 두루마기를 입은 어르신은 서울에 있는 딸네 집에 가려고 첫차를 타셨단다. 목소리가 자꾸 높아진다. 정산 터미널에 오자 대전 아들 집에 절인 배추 여섯 박스를 부치는, 추위에 손 곱은 아버지가 있다. "글자가 잘 안 뵈니 큼지막하게 써 줘유." 차 넘버와 운전기사 연락처를 받아들고 버스 꽁무니를 바라본다.

공주 지방을 가로지르는 금강은 하얀 입김을 뿜어낸다. 도로변 밭에는 무와 배추가 서리를 이고 웅크리고 앉았다. 토양 좋은 밭에 실하게 뿌리를 내린 무청이 강인해 보인다. 예전에는 남편의 모습도 푸르디푸른 무청이었다. 그러나 나이가 들수록 주위의 변화에 예민하게 반응하는 연하디 연한 상추 잎으로 변해갔다. 솎아 주고, 아랫잎 따서 웃잎 자라도록 돌봐줘야 하는.

아는 것만큼, 보이는 것만큼 느낀다더니. 연로하신 할아버지가 할머니 손을 잡고 차에 오른다. 일본인 부부의 속살거리는 모습이 정답다. 부부간의 정다움이 훈훈하다. 시선이 차창으로 쏠린다. 부스스한 여자가 빤히 바라본다. 팔다리가 결리고 몸이 피곤하다고 인상을 찌푸리고 있다. 일찍부터 서두른 여정에 몰골이 어수선하다. 입 꼬리를 올렸더니 그녀도 따라 웃는다. 인생은 정지화면이 아니잖은가. 시간은 반복일 뿐이다. 어딘가로 가는 것은 시간이 아니고 바로 '내'가 아닌가. 가고 있다. 삶의 여정은 느린 듯 빠르고, 빠른 듯 느리다.

꿈결인 듯, 나는 창밖의 산을 품고 강을 품었다. 그윽하게,

인연을 품었다. 부부의 연은 그리움이었다가 원수이기도 하다가, 결국엔 향수 같은 편안함으로 온다. 눈 깜짝할 새를 '찰나', 숨 한 번 쉬는 시간은 '순식간', 헤아릴 수조차 없이 길고 긴 순간이 바로 '겁'이라고 한다지. 힌두교에서는 43억 2천만 년을 '한 겁'이라고 한다. 사람은 2천 겁의 세월을 쌓아야 하루 동행하는 인연을 맺을 수 있고, 5천 겁이 되어야 이웃이 될 수 있으며, 6천 겁의 인연으로 하룻밤 같이 자고, 억 겁을 맺어야 부부가 되어 평생을 함께한단다.

남편 찾아 왕복 1천 3백 리, 꼬박 24시간 동안 인연 길을 헤맸다. 그 시간의 마음 길에는 쓴 울음 토해내는 찬바람이 불었고, 반짝이며 열리는 금강의 애잔함도 있었다. 부부의 인연길은 두 사람만이 가야 하는 길이다. 타인은 알 수 없는, 스스로 자문하고 답을 내려야 한다. 설령 오답이라 하더라도 자식이라는 팁이 있는 한, 플러스로 작용할 확률이 높다. 부부의 길이 쭉쭉 뻗은 대로가 아님은 이 나이에 감지되는 당연시 되는 현상이다. 그 길은 늘 공사 중이다. 끝이 보이지 않는, 결과를 예상할 수 없는 길이다.

지금, 편안하다. 애써 이러저러한 구실을 붙이지도 않으련다. 이 따뜻함, 아마 '부부'라는 보석을 가슴에 보듬고 있어서가 아닐까.

□ 2012. 11.

리모컨

아무리 봐도 예쁘다. 이리 봐도 둥둥, 저리 봐도 둥둥, 어화둥둥 내 사랑, 눈에 넣어도 아프지 않을 것 같다. 항상 분단장한 얼굴에 단정한 옷차림으로 발걸음도 사뿐사뿐 나비 같은 자태를 지녔다. 목이 말라 마른 침만 삼켜도 어느새 시원한 꿀물을 받쳐 오고, 허기진다 싶으면 뜨끈한 밥상을 차려오니 어찌 귀엽지 않으랴. 몸은 또 어찌나 나긋한지 손가락으로 요술을 부리는 것 같다. 어깨가 결리면 주물러 주고, 등 가려우면 긁어 주고 인상을 찡그리는 법도 없으니 분명 선녀가 내려온 거야. 얼씨구나, 복덩이.

대문을 열고 들어서면서부터 두리번거린다. 호랑이보다 더 무서운 여편네가 아닌가. 아니나 다를까, 빨래를 치대는 모습부터 우악스럽다.

"으흠, 으흠."

두어 번 기척을 하는데도 돌아보지도 않는다.

"흠, 흠."

그제야 뱁새눈으로 힐끔 돌아본다.

"으흠, 내 옷가지도 빨아 주구려."

"빨래? 돈 갖다 주고 호강시켜 주는 팔자 좋은 여편네는 잘 모셨다가 찜 쪄서 먹으려우?"

"기왕 손에 물 묻혔으니 내 것까지 빨아달라는데 웬 바가지여."

"에라이~."

갑자기 빨랫감 담갔던 구정물이 날아왔다.

"허푸 허푸."

저눔의 여편네, 이러니 집구석에 들어올 맛이 나나. 흠씬 젖은 빨랫감을 벗어던지고 가래침을 탁 뱉은 후 서둘러 발길을 돌렸다. 속이 상했다. 젊은 날 배꼽 맞추다 보니 자식이 생겨 부부지, 같이 얼굴 맞대기도 두렵다. 그래도 부모 공양하고 자식 건사하고 있으니 하루 묵어가며 위로 좀 해 주려고 했건마는. 허구한 날 팔자타령과 돈타령에 귀가 얼얼하다. 술이나 마시자.

"아이고 내 팔자야."

땅을 치며 통곡한다. 자식 낳고 살았으니 서방이지, 곰살맞게 대하길 하나. 하소연하면 쇠귀에 경 읽기이고, 생활비 달라하면 아까워서 벌벌 떠는 위인이다. 그런데 그년한테는 메주콩만 한 알이 박힌 반지도 끼워주고 비단옷도 사 입힌다는 소문이 자자하다. 밖에 둔 마음 돌려보려고 보약도 해 먹이고, 자식들도 앞세워 보았다. 그런데 종일 일만 하여 거칠대로 거친 손을 보면서 위로는커녕, 여자 손이 나무토막 같아서 만질 기분이 안 든다나 뭐라나. 어찌 저런 남자를 배필로 만났던고. 마주하면 속이 부글거리고 확 할퀴고 물어뜯어도 속이 시원찮다. 그런데 일거리는 꼭 내게 던져주고 간다. 에고 에고, 어떤 년은 복도 많지. 내 복은 어디 갔는고.

"으흠, 으흠."

"어머나, 약주 드셨네요."

버선발로 뛰어 나온다. 웃옷을 받아들며 부축하는 손이 부드럽다. 옷을 벗기고 물수건으로 몸까지 닦아주는구나. 어찌

저 예쁜 것을 사랑하지 않을쏘냐. 발까지 씻겨 주는구나. 꿀물까지 타서 오는구나. 손가락에 물 묻히는 것조차 아까울 지경이다. 내 모든 것을 주어도 모자랄 지경이다. 저 꽃 같은 미소를, 헌신적인 행위를 본댁이 손톱만큼이라도 따라했으면 좋으련만.

동동당당, 분주하게 몸을 놀렸더니 온몸에 땀이 흐른다. 내 몸, 조금만 바지런 떨면 영감님이 이렇게 예뻐해 주지 않는가. 게으름 피워서 좋을 것이 무에 있을까. 영감님이 알아서 구찌 화장품 사다 주지요, 비단 옷 사다 주지요, 찬거리 사다 주지요. 보너스로 주머니에 찔러주는 현찰도 짭짤하다. 굳이 입 놀려서 미움 받을 필요가 있을까. 그냥 분단장이나 하고 영감님이 집에 들르면 웃어주고 비위 맞춰주면 되는 것을. 사람 조종하는 것 다아~마음먹기 나름이지.

□ 2012. 4.

2
틈

줄 | 시산경 | 바다 이야기 | 띄어쓰기 | 가을을 줍다 |
틈 | 본전 찾기 | 다움 | 눈물

여백의 미학을 말하면서 틈새 하나 남겨 놓지 않은 쪼쪼한 마음씀씀이가 서글프다. 그러다 보니 돌이 터지고 테 먹은 독이 깨어지는 것이다. 나는 왜 마음속 틈틈마다 아리디 아린 감자 싹을 키웠더란 말인가. 틈을 밀치고 나온 노란 꽃잎이 눈앞에 아른거린다.

줄

인간이 사회의 규범적 질서를 지키기 위해 하는 행동을 예의라고 한다. 간혹 그 예의에도 모순은 있다. 때로는 질서를 지키지만, 때때로 새치기하는 경우를 본다. 요즘은 입이 똑똑한 사람이 많아 "줄 서 있는 것이 보이지 않느냐."고 일침을 가한다. 간혹 '끼워주기'는 통용된다. 행사시, 늦은 식사로 인해 어르신을 앞으로 안내한다거나, 아니면 자신의 앞자리로 모시고 오는 경우다.

"희한한 줄서기가 있더라. 직접 와서 봐." 지인의 전화를 받고 찾아가 보니 진짜 희한한 줄이 있었다. 줄이 길었다. 줄

서기에 있어야 할 사람은 보이지 않고 보도블록 바닥에 자질구레한 물건들이 나열되어 있다. 돌멩이, 나무토막, 종이컵, 낙서를 한 종이 위에 올려놓은 소품 등이 줄을 이어갔다.

무슨 줄인지 궁금해서 이리저리 살펴보았다. 그 줄의 맨 앞에는 '사랑의 밥 차'가 있었다. 점심 한 끼를 먹기 위해 아침 일찍부터 줄을 서는 것이었다. 아마 처음부터 이런 줄은 아니었을 것이다. 날은 춥고 몇 시간을 무작정 기다리기가 힘들었을 게다. 그러다 보니 자리를 표식하는 무언가로 줄을 세워 두고 자신은 잠시 몸을 녹이고 있는 중일 수도 있겠다. 양지바른 곳에서 햇볕을 쪼일 수도 있겠다. 가벼운 산책을 할 수도 있겠다. 아니면 집에 가서 시간을 체크하고 있는지도 모른다.

배식시간이 되자 진풍경이 펼쳐졌다. 길바닥에 늘어놓았던 표식은 어느새 사라지고 빽빽한 인파가 멀리까지 이어졌다. 한편 그 줄서기에는 아랑곳없이 삼사십 대의 휠체어 부대가 배식판 앞으로 모여들었다. 봉사자들은 휠체어 타고 온 사람들한테 먼저 식사를 돌렸다. 플라스틱 탁자에 미리 와서 자리를 잡은 몇 사람이 있었다. 그곳에도 식사를 날랐다. 이른 아침부터 줄서기를 하여 자리를 지키고 있던 사람들은 그 '새치기'를 보고도 한마디 불평이 없었다. 묵묵히 기다리며 침묵을 밟고 있었다.

급식을 받는 분은 장애자, 노숙자, 독거어르신들이었다. 한 번에 이백 명 이상이 식사를 하며 길바닥에 줄지어 놓은 표식은 흩트림 없이 정연하단다. 오시던 분이 보이지 않으면 십중팔구 병원에 입원했거나 저세상으로 가신 것이라며 봉사자는 말끝을 흐린다. 음식을 더 달라고 내미는 그릇에 따뜻한 웃음까지 덤으로 퍼주는 봉사자의 얼굴이 해맑다.

지나가는 분이 말을 던진다. 줄 서는 시간에 어디 가서 일이라도 하여 식사를 해결하면 되지 않겠냐고. 한 끼니 밥에 목 움츠리며 줄을 서야 하는 그분들의 마음은 오죽할까. 아무리 바라보아도 햇살은 부러지고, 아무리 바로 서려 해도 현기증에 쓰러지는 몸, 그 한 끼의 점심이 결코 맛있어서 먹는 것은 아닐 것이다. 배고픈 사람에게 '먹는 일'은 곧 살아가는 일이다. '밥'은 그만큼 소중한 것이다. 가혹한 겨울을 견딘다는 것, 그것만으로도 대단한 것이다. 언젠가는 희망의 빛을 찾아가지 않겠는가.

줄서기, 길바닥에서 먹는 한 끼니 식사에도 엄연한 질서는 있어, 참된 줄서기의 예의를 마주한 것 같아 씀바귀꽃 같은 웃음을 피운다. 그러나 질서를 비켜가더라도 몸이 불편한 사람한테는 눈 감아 주는 것, 배고픈 사람만이 공감하는 배려가 아닌가 싶다. 세상은 따뜻하다. 소외계층을 위해 재원을 마련하고 후원금을 받아 봉사하는 모습을 보니 이 또한 겸허하다.

"세상에 이런 줄서기도 있구나. 이것은 지혜의 줄인지도 몰라." 괜스레 마음이 겸손해진다며 지인이 목소리를 낮춘다. 가끔씩 삶이 버겁다는 생각이 들었다. 돌이켜보니 그것은 사치스런 생각이었다. 한 끼 식사를 위한 줄서기는 마음을 정화시키는 풍경화였다. 나는 줄서기에 동참한 분들과 눈을 맞추었다. 그리고 천천히 풍경 속으로 걸어갔다.

□ 2013. 12.

시산경

"읽어보시오."

의아해 하는 청중을 향해 뜻까지 해석해 보라고 한다. '시산경', 경전의 일종인가? 유가에서 중시하는 '십삼경十三經'에도 없거니와 유태 민족의 '탈무드' 가르침에도 언급되지 않은 내용이다. 법구경, 화엄경, 금강경, 반야심경 등 불법에서도 들어보지 못한 경經이 아닌가.

가만히 앉아 있으면 몸이 뒤틀리는 성격 탓도 있으리라. 대중 앞에서 행사를 진행할 때 재미있게 이끌어가고 싶은 욕심이 작용했을 수도 있겠다. 망가지는 것도 용기라고 했다.

내 몸 던져서 타인에게 웃음을 주고 스트레스를 날려 보낼 수 있다면 그것 역시 봉사가 아니겠는가. 여유 시간을 이용해 레크리에이션을 배우고 싶었는데, 학원 원장은 스피치 자격증 먼저 따 놓으라고 한다. 평생회원으로 덜컥 등록을 하고 보니 그럼 그렇지, 걱정대로 '역시나'다. 시간에 쫓기어 이쪽으로 갈까, 저쪽으로 갈까 저울질하기 바쁘다.

학원에서 레크리에이션 특강이 있다고 연락이 왔다. 한 곳의 모임을 마치고 부랴부랴 달려가니 강의는 벌써 종반부를 넘어선다. 강사는 환경운동가로 박식할 뿐만 아니라 박수까지 동원하여 화기애애한 분위기를 주도하고 있었다. 4/4박자 노래에 접목시키라며 9988 1234, 7330, 1313 박수를 총 동원한다. 해석이 멋지다. 구십구세까지 팔팔하게 살다가 하루이틀만 앓고 사흘 만에 죽자. 일 주일에 세 번, 삼십 분씩 걷자. 하루 세 번, 한 수저의 밥을 삼 분씩 씹자. 손바닥, 손목, 손가락, 손등을 치는 어른들의 얼굴에 투명한 햇살이 가득하다.

강의를 총괄 정리하겠단다. 스크린에 글자가 뜬다. 사필귀정事必歸正, "모든 일은 반드시 바른길로 돌아간다." 경천애인敬天愛人, "하늘을 공경하고 사람을 사랑하라." 등하불명燈下不明, 언중유골言中有骨, 호연지기, 호보연자 ……. 갑자기 강의실이 조용해진다. '무슨 뜻이지?' 고사 성어는 주워들은 것이 있어서 주억거릴 뿐, 원래 한자에는 젬병이 아니던가. 강사와 눈을 마주치지 않으려고 딴전을 피웠다. 나이 들도록 책만 펼치는 학자도, 대인관계를 중시하는 정치가나 사업가도 머리를 갸웃거린다. 강사는 빙긋이 웃으며 말을 던진다. "'시산경'의 내용이오. 하기야 팔공산 갓바위 부처님께 십 년 공양 올리며 절 공부 하는 분도 처음엔 막히더이다."

집으로 오자마자 작은아이를 불렀다. 강의 내용을 대략 서두에 붙이고 '시산경'을 읊었다. 가만히 듣던 아이가 "장난하지 마세요." 하며 눈을 흘긴다. 나는 머리로 풀어보려고 갖은 애를 쓰지 않았던가. 머릿속 밭고랑을 헤집어도 답을 못 찾고, 결국에는 힌트를 듣고 나서야 깔깔거렸다. 그런데 아이는 단박에 해석하고 일어선다.

팔공산 뒷길을 오르는 등산객은 무수히 '시산경'을 접했다고 한다. 그러나 일반 사람들은 갑자기 던지는 물음에 당황한다. 혹시 나의 머리를 시험하는 건 아닌지, 인격적으로 타격을 입으면 어쩌나, 걱정을 한다. 나이 오십이면 성형수술한 여자나 안 한 여자나 비슷하고, 많이 배운 사람이나 적게 배운 사람이나 차이가 없단다. 그러나 명함이 화려한 사람일수록 공부를 머리로만 했으니 답도 머릿속에서 끄집어내려 한다. 가슴에서 우러나오는 배려와 나이를 먹음으로써 터득하는 지혜를 우선하지 못하는 경우를 본다. 너나 나나 깃대만 높이 치켜들 줄 알지, 펄럭이는 깃발에 마음을 싣지 않는다. 바람의 고마움은 애써 외면한다. 눈앞의 것만 보려고 하니 정작 '시산경'을 모를 수밖에.

앞만 보고 걸어야 바른 길을 가는 것일까. 붕어빵을 머리 부분부터 먹으라는 주의사항이 있는 것도 아니다. 그런데 나는 앞만 보며 걷는 것을 지향하고, 음식을 먹을 때도 순서를 정하여 먹는다. 국물 뜨고 밥 먹고, 샐러드 먹고 육식 먹고. 그 뿐인가, 꼭 양치하고 머리 감고 샤워한다. 틀에 갇혀 벗어나지를 못한다. 별것 아닌 글자 한 줄에도 앞에서부터, 순서대로를 지향했다.

'시산경'을 던진 강사는 무엇을 말하려고 했을까. 단순히 우스갯소리에 머물라는 건 아니었을 게다.

'시산경－호보연자 심조불산'

□ 2012. 9.

바다 이야기

인자仁者는 산을 좋아하고 지자知者는 물을 좋아한단다. 인자는 정적이고 오래 살며, 지자는 동적이고 즐겁게 산다지.

진중함이 좋다. 늘 한자리에 앉아 뒤척이는 숲과 가난한 짐승을 품어주는 산이 좋다. 그러나 때때로 동해로 달려간다. 하늘 목덜미를 껴안고 한 몸으로 누워 있는 바다, 바람이 불면 거친 심호흡으로 꿈틀거리는 야성에 몸살을 한다.

동해로 향했다. 요즘 트레킹 코스로 각광받고 있는 영덕 블루로드에 도착하자 현기증이 난다. 바람이 세다는 예보는 적중했다. 트레킹 코스에 철썩철썩 부딪치는 우렁찬 파도소리, 와르르 밀려오는 포말, 바다는 웅장한 오케스트라를 연주 중이다. 펄떡이는 동해의 심장소리가 가슴을 먹먹하게 한다. 바다는 블루사파이어와 에메랄드, 갖가지 보석 빛깔로 어룽진다. 마음은 이미 바다에 도둑맞았다.

글쓰기로 맺어진 칠 년째 만남, 굳이 예의를 차리지 않아도 된다. 여행길에 오른 일곱 명은 남녀를 떠나, 나이를 떠나 철썩이는 바다 앞에서 함성을 지른다. 수척했던 겨울나무도 실눈 뜨고, 해풍에 몸서리치며 암벽을 바투 잡고 있는 해국도 장하디 장하다. 이 견딤이 얼마나 황홀한가. 자연 속에 '나'를 내려놓고 '우리'가 된다.

소방관인 미스터 정은 해맑게 웃는다.

"저것 봐라, 주체하지 못하는 저 물길을 봐봐. 수성막포를 쏘아 붓는 것 같아."

모임의 큰언니, 그러나 마음은 낭랑 십팔 세인 도라지 언니가 잔잔히 웃는다.

"바람이 물속의 소금기를 몰고 와서 뭍에다 힘차게 뿌리고 가네."

얼마나 아까울까, 저 소금으로 배추 절이고 장도 담그면 좋으련만.

사물을 예리하게 직시하고 사진 찍기를 즐기는 허 선생은 천생 살림꾼이다.

"바다가 끓고 있어. 포말 속에 부유물로 있는 누런 거품을 국자로 떠내고 싶어."

바다는 졸지에 부글부글 끓고 있는 거대한 솥이 되었다. 국자는 어느 정도의 크기가 필요할까.

바다에 오니 여자들이 생몸살을 한다며 미스터 권이 거든다.

"저 누런 거품은 영덕 대게가 내는 거품이야."

옳거니, 게가 거품을 부글부글 내더니만 바로 그 거품이었구먼. 영덕 바다에는 역시 게가 많은가 보다.

거품에도 종류가 있었으니, 닉네임이 공주인 최 여사가 예쁘게 입을 오물거린다.

"바다가 부산물을 삶는 중이야. 저것은 빨래 삶을 때 내는 거품이야."

아마 최 여사네 행주나 걸레는 보나마나 뽀얄 것 같아.

파도는 쉴 새 없이 밀어닥쳤고 물보라는 하염없이 흩어졌다. 선 크림 발라라, 선 캡 챙겨라, 역시 미시즈 윤은 미용에 관심이 많은가 보다.

"미스트를 뿌리는 것 같아. 바다가 뿌려주는 소금 미스트."

소금으로 피부병을 치료한다는 얘기는 들은 것 같은데, 단순히 미용 목적으로 이로운지는 의문이다.

시원하겠다. 개운하겠다. 저 바위들. 햇볕에 그을린 몸, 버블 하는 중이다. 비릿한 살내음이 난다. 거대한 욕조가 되어버린 바다는 지금, 바위의 몸을 씻기는 중이다.

소란함, 바다는 그 속에서 생명을 만든다. 큰 파도 문고리를 만들어 놓고 함부로 넘나들지 못하게 경계를 한다. 출렁출렁 한바탕의 진통을 거친 후 태동한다. 그 모습이 경이롭다. 저 깊은 곳에서 비밀스러운 출산이 이루어질 것이다.

치수가 맞지 않는 길벗은 오히려 부담이 된다. 그러나 익숙한 지인들과 함께라면 낯선 여행길도 두려울 게 없다. 어떻게 개개인의 낱낱 감정이 한 뜻이 될 수 있는지, 우리는 물질이 아니라 소통으로 행복함을 느꼈다. 우리의 목적지는 바다였을까, 아니다. 바다로 가기까지, 바다에 다녀오는 여정이었다. 함께하는 그 과정이 소중했다. 내가 필요한 자리, 서로가 필요로 하는 자리에서 바라보아 주는 지인들의 얼굴이 환하다.

참다운 여행은 배움의 과정이라고 하지 않던가. 여행을 통해 아무것도 얻지 못했다는 사람에게 소크라테스는 이렇게 말했다. "아마도 자기 자신을 짊어지고 갔다 온 모양이지."

□ 2013. 5.

띄어쓰기

지난 송년회 겸 동인지 출판기념식장에서 일어난 일이었어. 편집위원장의 경과보고 순서가 기다리고 있었지. 자그마한 키의 그녀는 키높이 구두를 뾰족하게 신고 모자를 빼딱하니 쓰고 단상에 올랐겼다. 카메라 플래시가 번쩍일 때마다 속눈썹이 바르르 떨렸지. 브러시로 힘을 주어 최대한 올린 속눈썹을 보니 미용 실력은 이미 수준급인 게야.

머리를 좌측 45도 각도로 비스듬히 눕히는 것도 그녀의 트레이드마크인 게야. '고맙습니다. 수고하셨습니다.' 그렇게 간단하게 끝내고 내려올 그녀는 아니었지만, 의외로 말이 길어지는가 싶었는데 퀴즈를 내겠다지 뭔가. 인터넷 검색하다가 발견했다면서, 너무 재미있어서 적어서 왔다고 하네. 문학하는 사람들에게 '띄어쓰기'는 필수, 원고 교정하다 보면 기본적인 띄어쓰기도 지켜주지 않아 힘들게 하는 사람이 있다는데 나도 그 부분에는 한 표. 혹여 실수를 하면 낭패를 보는 경우가 있어서 언급하겠다고, 예문을 잘 듣고 응용해서 퀴즈를 맞히라나.

"'띄어쓰기'를 잘못하다가 낭패 보는 경우가 허다하다네요. 조심조심 하세요. 예문 들어갑니다. '무지개 같은 사장님'을 '무지 개 같은 사장님', '선물로 회 사주셨다'를 '선물로 회사 주셨다', '○○시 체육회'를 '○○ 시체 육회', '○○시 장애인 복지관'을 '○○시장 애인 복지관', '엄마 새끼손가락은 유난히 작다'를 '엄마새끼 손가락은 유난히 작다', '부활의 사랑하면 할수록'을 '부활 의사랑하면 할수록', '지오디의 사랑해 그리고 기억해'를 '지오디 의사랑 해 그리고 기억해'라고 전혀 다른 뜻으로 해석할 수 있습니다."

부지런히 메모를 읽고 나더니 퀴즈를 내겠다고 한다. 글만 잘 쓰는 줄 알았는데 유머감각도 있네. 센스쟁이, 젊은 사람이라 역시 똑소리나넹.

"'후배 위하는 ○○○ 선생님'을 잘못 띄어 읽으면 어떻게 될까요?"

"저요~!"

"말씀해 보십시오."

"후배위 하는 ○○○ 선생님"

한쪽에선 까르르 웃고 한쪽에선 멀뚱멀뚱, 말귀가 어두운 사람은 어디든 있게 마련이지. 웃지 않은 사람들은 다음날 오후쯤이면 해석이 가능할까. 나는 왜 이런 쪽으로 머리회전이 빠른 것인지, Y담은 출발선상에서 대기하는 뜀박질 선수마냥 머릿속에서 똑딱똑딱 뇌를 깨운다. 아따, 큰 자랑이다.

한동안 잊고 있었어. 그런데 그 야그가 업그레이드되었지 뭔가. 누군가 카페 인사말 창에 '띄어쓰기 조심하자'고 쭈욱 그 야그를 올려놓았는데 눈이 번쩍 뜨이는 부분이 있는 게야. '왕자 지물포'를 ※표시까지 해서 강조해 둔 것이 아닌가. 나는 배를 잡고 웃었어. 그런데 옆에 있는 사람은 또 멀뚱거리는 거야. 아마 사흘 후쯤에야 키득키득 웃을 거야.

'너 이거, 글이라고 썼냐?'고 누가 화를 낼 수도 있겠지. 하지만 글이란 게 꼭 문학성만 우선할 수 있남. 고상하고 점잖은 글만 쓰라는 법이 만들어진 것도 아니잖은가. 한 번씩은 머리도 식힐 겸 웃어보자구.

띄어쓰기, 그거 정말루 신경 써야 해. '달구벌 수필'을 '달구 벌수필', '사람의 문학'을 '사람 의문학', '영남 수필'을 '영남수필'로 오해할 수 있으니까. 잘못 쓰면 큰 낭패 보는 거 맞제?

□ 2013. 4.

가을을 줍다

곱다. 자연은 담대한 필치를 숙명처럼 부려놓았다. 색색의 빛깔은 아름답다 못해 숭고하다. 은행잎 몇 장을 집어 들었다.

법정 스님은 난분 두 개를 보살폈다. 수시로 들여다보며 물을 주고 창문을 열어 바람을 통하게 하여 난이 잘 자랄 수 있는 환경을 만들었다. 문제는 잠시 출타를 할 때면 난에 신경이 쓰여 발걸음을 서둘렀고, 때때로 난이 걱정되어 가던 길을 되돌아오기도 한 것이다. 그러기를 두어 해, 스님은 소중하게 보살피던 자신의 난을 친구에게 주었다. 자신이 가지고 있는 소유물을 놓아버리니 마음이 편안했다고 한다. 그러면 난을 가져간 친구는 스님과 똑같이 구속의 사슬에 얽매이게 되었을까. 스님은 난을 무작위 방치할 수 없어 친구에게 책임을 전가시킨 것일까. 머릿속 회로가 엉키지만, 속인이 어찌 큰스님의 깊은 뜻을 논하랴. '무소유'의 진정한 의미는 '아무것도 가지지 마라'는 아닐 것이다. 지나친 욕심을 삼가라는 뜻이 아니었겠는가.

화초 가꾸기를 좋아하는 나는, 여름날이면 난감할 때가 많다. 마사토에 심은 식물은 하루에 두어 번 정도 물을 주어야 한다. 쓰잘데기 없는 화초를 가꾼다고 가끔 남편한테 핀잔을 듣는다. 비싸고 귀한 것만 화초 대접을 받아야 하는 것은 아니다. 야산의 풀 한 포기도 내게로 온 것이라면 소중히 다룰 필요가 있는 것이다. 새순이 솟아나는 경이로움이나 꽃을 피우는 환희에 넋을 놓을 때가 많다.

화분 개수가 늘어날수록 욕심이 앞선다. 야생화나 다육식물에 쏠리는 눈길을 막을 재간이 없다. 여기에서 혼선이 생기기 시작했다. 무조건 거름과 물을 많이 주어야만 식물이 잘 자랄 것 같은 어쭙잖은 사랑, 그 욕심으로 예쁜 식물을 많이도 익사시켰다. 마사토에 심은 야생화는 물을 자주 주어야 하고, 다육이는 물을 적절히 조절해야 한다. 그러나 일괄적인 '퍼주기' 공세로 식물의 생사 갈림길을 내 손끝으로 결정해 버린 것이다.

모임에서 선배와 이런저런 얘기를 나누다 화두가 '무소유'로 옮겨졌다. 선배는 다방면에 박식하신 분으로 특히 불법에 밝다. 선배는 '압화'를 많이 했단다. 예쁜 꽃을 따서 책에 넣어 눌러 두었다가 편지를 쓸 때 '누름꽃'으로 모양을 내었다. 열대지방의 꽃은 수분이 많아 압화 과정에서 꽃잎이 녹는다고 한다. 유럽의 예쁜 난 종류의 꽃 역시 어려운 점이 많았다. 압화의 적격은 백두산 고원의 야생화가 으뜸이란다. 그런데 어느 순간, 꽃을 꺾는 일에 주춤하게 되었다. 식물도 생명이 있음에, 그 목을 딴다는 일이 섬뜩하게 다가왔다. 무릇 '살아있다'는 자체에 감성이 솟은 것이다.

무언가를 보고 가슴 아파하는 것을 감성이라고 한다. 감성은 인간의 인식 능력이다. 감성이 무디어지면 감상의 기능도 할 수 없단다. 선배는 식물이나 사람이나 현재에 살아있다는 것에 고귀함을 느꼈다. 이 세상에 영원한 존재는 그 어디에도 없기에, 선배한테 뭇 생명들의 한때가 소중하게 다가온 것이다. 선배와 나는 법정 스님 말씀으로 너나들이하며 시간의 탑을 쌓았다.

작년 이맘때였다. 송광사로 문학기행을 갔지만 허리가 아프다는 이유로 불일암에 오르지 못했다. 나는 길가에 떨어진 낙엽을 줍고, 그늘에서 옷 여미는 바람과의 조우로 시간을 보냈다. 그 사이 지인들은 스님이 만들었다는 의자와 생전에 기거하셨던 허름한 흙집을 둘러보고 왔다고 목소리가 들떴다. 스님의 흔적을 보고 싶었는데……. 여행을 마치고 집에 도착하자마자 부랴부랴 책장을 넘겼다. 텅 빈 데에 오묘한 것이 있다는, 내가 혼자 있다면 완전히 '내 것'이나, 친구가 같이 있는 경우에 '절반의 것'밖에 없다는 스님의 가르침으로 마음을 위로했다.

한때는 나도 압화를 즐겼다. 꽃잎, 나뭇잎, 토끼풀을 두꺼운 책에 눌렀다가 연하장도 만들고 편지지에 한껏 모양을 내어 지인한테 보냈다. 모임의 행사 때도 꽃과 꽃잎으로 장식한 시화전을 준비하지 않았던가. '꽃의 목을 꺾는 일', 나무의 '손목을 자르는 일'이 이젠 탐탁지 않다. 나이가 들어간다는 징조일 수도 있겠다. 가을바람에 잎이 시들한 베란다의 화초는 어쩔 수 없는 내 살림의 일부이다. 나는 도를 닦는 스님이 아니기에 과감히 버려야 하는 '무소유'를 행할 수는 없다. 삭

막한 도시생활에서 그나마 마음 다스리며 화초 이파리 어루만지는 평화로움까지 박탈당한다고 치자. 내 까칠한 마음을 어디에서 풀며, 무엇으로 위안 받으랴. 물주기가 번거로워 장거리 출타시마다 신경이 쓰이나 이것 또한 내가 살아가는 한 방편인 것이다.

모임의 문학기행에서 펼쳐진 가을 향연, 빛깔 고운 나뭇잎을 줍는다. 제 역할을 다하고 아래로 내려온 나뭇잎이 착하다. 우리도 언젠가는 아주 편안하게 내려앉겠지. 땅으로 가볍게. '무언가를 소유한다는 것은 바로 구속이다. 소유하지 않는 자체, 무엇인가를 갖는다는 것은 다른 한편 무언가에 얽매인다.' 스님의 말씀을 담아 편지를 써야겠다. 지구에 내려온 가을, 그 발자국인 은행잎 몇 장 곁들여야겠다. 편지를 받을 구체적인 대상은 정하지 않으련다. 구순을 바라보는 어머님인들 어떻고, 수시로 마주하는 지인인들 어떠랴. 바쁘게 달음질하는 바람이어도 무난할 터.

□ 2012. 11.

틈

참으로 질기구나. 시멘트 보도블록의 깨진 틈으로 풀꽃 피었다. 노란색의 자잘한 꽃잎을 달고 발길에 채일까 몸 사리고 있다. 이름은 알 수 없지만 악조건 속에서도 터를 잡은 생명력에 감탄이다. 너른 땅을 차지하지 못한 너의 생애지만 곧 씨앗 퍼트리겠지. 꿈꾸며.

지난밤, 작은오빠의 전화를 받았다. 술에 취해 횡설수설 이상한 소리를 한다.

"낮에 자형한테 연락 왔는데 작은누나가 뇌종양이라고 한다. 누나한테 악착같이 살아야 된다고 말해줘라."

쿵, 무언가 가슴을 치고 지나갔다. 큰언니한테 전화를 걸었다. 나는 도저히 용기가 없으니 자초지종을 알아봐 달라고. 한참 후 연결된 큰언니 목소리는 힘이 없었다. 수화기 너머로 형제간의 한숨소리가 이어졌다. 제약회사에 근무하는 오빠가 병원 쪽에 밝다 보니 작은형부가 상의를 했나 보다. 작은오빠는 속이 상해 술을 마셨고, 주사를 겸해 비보를 전했다.

언니는 이십 년 전에 아들을 잃었다. 모터 모형 비행기를 가지고 놀던 아이가 전신주에 걸린 자신의 장난감을 내리려다 감전이 되었던 것이다. 그 충격으로 실신한 언니는 나날이 쇠약해져 갔다. 여행, 운동 등 여러 곳에 시간을 분배했지만 끝내 우울증에 시달리며 마음을 잡지 못했다.

그런데, 그렇게 마음을 풀어놓고 있던 언니한테 반가운 소식이 온 것이다. 임신이었다. 언니는 그제야 마음자리를 찾았다. 그 늦둥이가 언니의 시름을 잊게 해 준 것이다. 그 아이는 언니의 '모든 것'이었다. 그런데 무심하셔라, 아이가 네 살이 되던 해에 뇌에 혹이 생겼다는 판정을 받은 것이다. 언니는 다시 방황하기 시작했다. 마음정리 한다며 전국일주를 하였지만 어린것을 두고, 저 불쌍한 것을 두고 어찌 눈을 감겠냐며 괴로워했다.

"동생아, 형부가 자꾸 우네. 왜 저러는지 몰라. 나는 괜찮

아. 예전에 소원하길 내 아들 혼자 일어설 때까지만 살게 해 달라고 빌었는데, 벌써 군대에 갔잖아. 무얼 더 바라겠니. 그동안 덤으로 십수 년을 살았는데……."

작은언니의 목소리는 당차고 또렷했다. 그동안 병원에 다니며 꾸준히 치료를 받았다. 그리고 사 년 전에 발병한 갑상선 암 수술 한 후부터는 괜찮거니 하며 무심했단다. 요즈음에 다시 정신이 혼미하고 기억이 가물거려 병원을 찾았더니 당장 수술해야 한다고 하더란다.

종일 마음을 쓸어내렸다.

문학동인지 '연혁'란에 수상경력이 잘못되었단다. 그 일로 지인과 토닥였다. 동창 남친과 카페에서 공방전을 벌였다. 서로가 타당성에 대해 줄다리기를 하다 보니 동기들은 이편 저편 눈치 보기 바쁘다. 어느 지인은 '나'로 인해 문학교실에서 클 수 없다고 하더라는 소문이 돈다.

열심히 봉사한다고 생각했는데 나의 이타심이 타인을 힘들게 하는구나. 앞에서 일하는 사람의 고충은 아랑곳없다고 나의 입장만 내세운 것인가. 나를 향하는 손가락에는 분명 이유가 있을 것이다. 상대방을 서운하게 한 적이 있다든지, 내 언행이 권위적이어 마음에 들지 않았다든지. '내려놓자,

내가 아니어도 누군가가 할 것이다.' 이런저런 얘기를 조합하려니 머릿속이 수세미다. 하루에도 몇 번씩 마음을 어르고 달래느라 일이 손에 잡히지 않았다.

한 번씩 뒤통수를 크게 맞아야 정신이 드나 보다. 언니는 병원에서 힘든 사투를 벌이고 있는데, 한낱 감정놀이나 하고 있다니. 따지고 보면 소소한 일일 뿐이다. 마음 내려놓고 시간 흐르길 기다리면 오해도 풀리고 서로의 입장을 이해하게 되거늘, 왜 이리 아파하는가. 지금 간절히 바라는 것은 언니의 건강이다.

사는 게 각박하다. 마음에 여백이 없다. 말로만 떠들어 보았자 아무 소용이 없다. 한국화의 묘미는 여백에 있다고들 한다. 비워 놓은 공간, 그러나 그 비움 속에는 사색과 감정뿐 아니라 더 큰 의미를 담고 있다. 화폭에 인생을 잘 그리려고 집착하다 보니 색깔이 진하고 번지기까지 한다. 신경 써서 덧칠을 해보랴, 본연의 색은 오간 데 없고 겹겹 두께에 답답하다.

나의 공간에도 온통 떡칠을 해 놓았다. 여백의 미학을 말하면서 틈새 하나 남겨 놓지 않은 쫀쫀한 마음씀씀이가 서글프다. 그러다 보니 돌이 터지고 테 먹은 독이 깨어지는 것이다. 언니는 어쩌다가 그 단단한 머릿속 틈에 종양을 키워서 이렇게 고생을 하며, 나는 마음속 틈틈마다 아리디 아린 감자 싹을 키웠더란 말인가. 틈을 밀치고 나온 꽃잎이 눈앞에 아른거린다.

지푸라기 하나에도 마음을 담아 믿고 기도하면 소원이 이루어진다고 한다. 행여 마음 허투로 쓸까, 조심조심이다. 언니를 위해 간절한, 내 마음의 틈바구니에 풀꽃 한 송이 키우려고 한다.

□ 2012. 7.

본전 찾기

격앙된 목소리가 전화선을 타고 온다. 매일 바쁘다기에 전화도 자제했다며 '너 잘 만났다.'식으로 밀어붙인다. 철커덕, 한쪽 발이 덫에 걸렸다.

"오늘은 하소연 다 받아주마, 실컷 얘기해 보렴."

친구는 대뜸 주부 사퇴를 선언한다. 하기야, 나도 이혼을 했으면 열 번도 더 했을 거야. 적절히 맞장구를 쳐 주었다. 와르르 봇물 터지듯 쏟아내는 푸념에 흠씬 젖었다 .

"침 좀 삼키며 얘기해라, 누가 몰아치는 것도 아닌데."

군에 갔던 작은아들이 백일 휴가를 나왔다고 한다. 식구끼리 경주로 나들이를 갔는데 눈은 펑펑 쏟아지고 코가 시려 제대로 구경도 못 하고 되돌아왔다. 집에 오자마자 아들은 친구 만나러 간다며 휑하니 나가 버렸다. 주방에서 지지고 볶아 상다리 휘청하도록 음식을 차렸지만 아들은 밤새 무소식이었다. 다 큰 녀석이 무슨 일이야 있으려고 하면서도 전화를 넣었다. 아주 씩씩한 목소리가 전화선을 타고 왔다. 렌터카 빌려서 포항에서 해맞이 하고, 청송 계신 할머니께 인사가는 중이란다. 역시, 사내는 군대에 보내야 철이 나는구나. 할머니를 뵈러 간다는 걸 보니 군대에서 인성교육도 시키는구나, 가슴이 뿌듯했다. 대한민국 국군의 어머니로서 흐뭇한 마음을 감출 길이 없었다.

그리고는 아들은, 듬직하고 훌륭한 아들은 군대로 복귀를 했다. 이튿날, 아들 친구한테서 전화가 왔다.

"실은요, 사실은요."

"답답해라, 말 좀 빨리 해봐라."

"청송 다녀오다가 접촉사고가 났는데요. 렌터카 회사에서 기백만 원을 빨리 달라고 합니다. 아무 말도 안 하고 갔습니까?"

아들의 친구는 아주 낮은 음성으로, 기어 들어가는 목소리로 말을 하고는 전화를 끊었다. 이게 무슨 소리? 아들 방 책

상 위에 쪽지가 접혀 있었다. '엄마, 대단히 죄송합니다. 죽을 죄를 짓고 갑니다.'

"속 터져 못 살겠다아."

"그래, 내가 너라도 속이 터졌을 거야. 그러나 어쩌겠니. 고마, 한 해 미리 액땜했다고 쳐라. 작은아들 액땜하고 갔구나."

"뭐라고? 또 할 말 있다고?"

큰아들이 송년회지 망년회지 한다고 한껏 멋을 내고 나갔다. 미성년자도 아니니까 하룻밤 외박은 눈감아 주기로 했다. 곤히 잠든 새벽녘에 요란하게 전화기가 울렸다.

"뭐라고요? 경찰서요? P병원으로 오라고요?"

아들에게 큰일이 벌어졌구나. 심장이 쿵쾅거리고 다리는 후들후들, 정신을 차리자고 누누이 마음먹었지만 사실 정신없이 달려갔다.

"어디에 있나요, 우리 아들? 뭐라고요? 노숙자라고요?"

경찰은 태연히 말했다.

"골목길에 노숙자가 쓰러져 있다는 신고가 들어왔습니다. 살펴보니 몰골에 병색이 짙어 병원으로 옮기고, 신분증을 조회해서 연락을 넣었습니다."

그도 그럴 것이 머리는 어디에 부딪혔는지 피가 흐르고 제비처럼 번지르르하게 입고 나간 옷도 구토로 얼룩이 묻어 지저분했다. 술은 또 얼마나 마셨는지 역겨운 냄새가 진동을 했다. 정말로 자신의 아들만 아니면 노숙자로 치부해 버렸을 것이다. 한숨이 나왔다. 병원에 간 김에 혹여 상한 곳은 없는지 MRI 찍고 몇 가지 검사를 했더니 기십만 원의 청구서가 나왔다.

"왜 그렇게 마셨다니?"

"선배들과 어울려서 윤락가에 갔는데 부끄러워서 고개도 못 들고 술만 마셨다고 하더라."

"그래그래, 못 살 만도 하겠구나. 큰아들도 액땜했구나."

근데, 또 아주 큰 사건이 있었단다. 매스컴도 탔단다.

"어머나, 출세했다. 얘, 한턱 내라."

뭐라고? 이젠 그놈의 술 때문에 못 살겠다고?

음주운전자가 차를 몰고 약국으로 돌진했다는 뉴스가 나왔다. 참말 희한하다. 같은 종류의 차가 많기는 하지만 어쩌면 꼭 남편의 차 같을까. 어떤 정신 나간 음주운전자로 인해 길 가는 사람들이 많이 놀랐겠다며 끌끌 혀를 찼다.

다음 날, 위풍당당한 남편이 고개를 숙였다. 회식을 한 후,

2차를 마치고 3차를 간다기에 차를 빼야겠다고 하니 옆 사람이 대신 수고해 주겠다고 하더란다. 정말 고맙습니다, 했단다. 근데 옆 사람이 더 취했을 줄은 꿈에도 몰랐단다. 아주 태연하게 약국으로 차를 몰고 갈 줄은 정말 몰랐단다. 사람이 살다 보면 헛것이 보여 가끔은 자갈길이 꽃길로 보이기도 하는 법이니까. 그런데 무면허에 음주운전이라니. 더구나 살림은 궁색하여 월세 사는 사람이더란다. 남편은 고개 숙인 남자가 되어 '자애로운 마나님의 처분만 바라옵니다.' 하더란다. 쯧쯧.

"뒷수습 하고 나니 기천만 원이 우습더라. 나, 더 이상 사내들 때문에 못 살겠다. 저그끼리 살라 하고 집을 나가야 할까봐."

"아휴, 할 말이 없다. 정말 술 때문에 못 살겠구나. 근데 너희 남편 확실히 스케일은 크다. 처가에 갈 때도 트렁크에 먹을거리를 가득 챙겨가고, 간식도 한 보따리씩 사온다며. 그뿐이니, 밤에도 천사 같은 마누라라고 하늘로 붕붕 띄워준다고 했잖아. 역시나, 너희 아들들하고는 게임이 안 된다. 한방을 맞아도 크게 맞으니까 매스컴에도 큼직하게 뜨잖아. 아, 미안, 미안. 그래, 나 역시도 못 살 것 같다. 그렇지만 사내들 미워서 집을 나가겠다니, 조금만, 조금만 진정하고 내 말 들어봐라. 정말 꼴 보기 싫고 못 살 것 같기는 한데, 가만있어 보자. 그동안 남편 내조하며 자식 키운 세월이 얼마니, 아휴, 그냥 나가기엔 너무 아깝다. 이번에 남자들 사고 쳐서 들어간 돈은 또 도대체 얼마냐? 친구야, 본전은 찾아야 할 거 아니니? 사내들 모두 건강한 체구를 가졌으니 빨리 돈 벌어서 빚 갚으라고 각서라도 받으렴. 살고 못 살고는 본전 찾고 나서 다시 생각해 보자. 그래도 식구들이 그만하길 다행이라고 여기자. 얘, 한 해 액땜 다 해버렸다. 그치?"

□ 2008. 1.

다움

건강은 누구나의 관심이고 소망이다. 삶의 편안함과 행복을 추구하는 '웰빙'을 지나, 몸과 마음을 치유한다는 '힐링' 바람이 넌출거린다. 거기에 보태 인체 내에 축적된 독소를 뺀다는 '디톡스'가 붕붕 떠다닌다.

매스컴에 회자되는 대안 스님을 모셨다. 사찰음식의 대가이니 만큼 손놀림 하나에도 경건함이 묻어난다. 식재료와 조리 기구를 둘러보고 깐깐하게 지적한다. 음식을 다룰 때는 항시 물을 담은 그릇을 준비해 두란다. 음식에 필요할 수도 있고, 불을 사용하기 때문에 만약에 일어날 수 있는 돌발 상황을 대비하라는 뜻을 담고 있을 것이다. 간간이 말씀하시는 법문은 아름다운 양념이다.

사찰음식은 자연식이다. 우리는 역사적으로나 환경적으로나 채식 유전자를 지니고 있다. 서구 음식이 들어오고부터 현저히 영양 불균형을 가져왔다. '너무 먹어서' 현대인은 질병에 시달리고 있는 것이다. 이제는 '해독'해야 하는 지경에 이른 것이다. 본래 타고난 몸으로 돌아가기 위한 것이 '디톡스'이다.

사람들은 아프면 약을 먹는다. 왜 아픈지, 그 원인을 찾지 않는다. 우선은 내면을 살펴야 한다. 20조 개로 이루어진 세포는 마음에 따라 움직이고 있다. '마음 병'이라고 하잖은가. 먹는 것보다 마음을 치유하는 것이 빠르다. 마음을 살피면 원인이 보이고, 마음을 다스리면 통증이 사라진다. 그러나 가까운 내면을 보기보다 주로 먼 곳, 바깥을 살핀다. '무언가'를 아무리 찾아도 구하지 못한 결핍은 두려움으로 가득하다. 그러하다 보니 감정을 잘 다스리지 못하는 경우가 생기는 것이다. 당연히 좋은 감정보다 나쁜 감정을 표출하기가 쉽다. 화를 버럭 내는 경우가 그러하다. 때로는 자기도 모르게 화를 내고 나서 얼마 지나지 않아 후회를 한다. 하지만 후회는 아무리 빨라도 늦은 법이다. 물론 사람인 이상 화를 내는 건 당연한지도 모른다. 그래서 이름을 붙인 것이 있다. 잘잘못을 알고 반성하는 것, 바로 수행인 것이다.

요리가 시작된다. 뿌리채소를 적당한 크기로 손질해서 소금을 살짝 뿌리고 연잎에 잘 여민다. 그리고 20여 분 정도 찌면 '뿌리연잎찜'이 된다. 연근을 곱게 다지고 흑임자를 절구에 빻아 밀가루에 소금을 약간 넣어 재료를 섞어 반죽한다. 팬에 구우면 '검은깨연근전'이다. 각종 버섯을 먹기 좋은 크기로 손질하여 밀가루 옷을 입혀 기름에 튀긴다. 견과류는 다진다. 고추장에 간장 조금, 매실청과 조청을 섞어 끓으면 튀긴 버섯을 넣고 뒤적인 후 견과류를 뿌린다. 이것이 '버섯강정'이다.

의외로 쉽다. 양념도 적게 들어간다. 우리 몸에서 첫 번째 독소가 음식이라고 한다. 그 독은 거의 대장에서 나타난다. 우리 몸은 자루가 아닌데 마구 넣는 게 문제가 되는 것이다. 자연식으로 적당히 먹는다면 내 몸을 수정할 수 있다. 음식을 감사하게 먹는 것, 그러다 보면 마음이 평안해지고 몸과 마음이 정화된다. 또한 음식을 만들 때 칼 쓰기, 물 쓰기, 불 쓰기를 기본으로 알아야 한다. 기본적인 마인드와 자세, 테크닉을 갖추어 타이밍을 맞추었을 때 훌륭한 요리가 탄생되는 것이다.

스님이 강조하는 것은 요리를 잘하는 것이 아니었다. 요리는 포장이었다. 그 내면에는 '다움'이 있었다. 원 식재료의 질감을 살려 본래의 맛을 즐기는 것, 음식은 '다움'이 있어야 한다. 감자는 감자답게, 과일은 과일답게. 그 자체의 '다움'을 간직해야 진정한 음식이 되는 것이다. 주재료가 감자인데 이것저것 마구 혼합하고, 온갖 양념을 가미하면 그 음식을 '감자' 요리라고 말할 수 있겠는가. 사람도 마찬가지다. 키 작은 사람이 키 큰 사람 흉내 내느라 킬 힐을 신고 다니다 넘어지거나, 큰돈 들여 수술하고 그것도 모자라 진한 화장으로 변장을 한다. 때때로 망가진 몸이나 상처받은 마음을 보면 안타깝다. 진정한 '다움'을 모르는 단면이 아닐 수 없다.

웰빙이나 힐링, 디톡스도 거창한 것은 아니다. 내면의 안정을 추구하여 '잘 먹고 잘 사는 것'이 바로 힐링인 것이다. 원래의 지닌 성질이나 특성을 잘 보듬으면 되는 것이다. 음식다운 음식으로 몸을 정화하고 진정한 마음을 갖는 것이 '다움'인 것이다. 다움은 결코 실종된 것이 아니다.

□ 2013. 9.

눈물

불행 앞에서 비굴하지 말 것, 허리를 곧추세울 것. 헤프게 울지 말 것, 울음으로 타인의 동정을 구하지 말 것. 꼭 울어야 한다면 흩날리는 진눈깨비 앞에서 울 것. 외양간이나 마른 우물로 휘몰려가는 진눈깨비를 바라보며 울 것—장석주 「명자나무」 일부

안성 호접몽에서 그를 만났다. 사전에 그의 이력을 염두에 둔 탓인지 시인의 표정이 슬펐다. 느림과 비움의 미학, 그는 얼마나 울었을까.

한수산의 '바다로 간 목마' 앞에서 울었다. 주희와 민우의 사랑에 빠져 행복했다가 죽음이 갈라놓은 이별 앞에 눈물을 쏟았다. 로버트 제임스 월러의 '메디슨 카운티의 다리', 중년

의 애달픈 사랑 앞에 무릎을 꿇었다. 짧은 만남, 긴 그리움을 평생 간직한 사랑이었다. 김정현의 '아버지'를, 자신의 죽음보다 가족을 걱정하는 독백을 보며 울었다. 남편의 고통을 헤아리지 못한 아내가 미워서 외로운 남자의 외도를 질끈 눈감아 주었다. 박경리의 '토지'에서 용이를 사랑했던 월선의 죽음 앞에 얼마나 가슴 아렸던가. 마음으로 교류하는 두 사람은 진정한 사랑의 표본이었다. 조정래의 '태백산맥' 결미에서 수류탄으로 자폭한 염상진의 죽음은 수은주 이하의 냉철한 자기 관리였다. 몇 번을 읽고 읽어도 눈물이 나는 명장면이다. 주인공들은 비굴하지 않았고 타인의 동정을 구하지 않았다.

눈물은 슬픔의 말없는 말이다. 여자의 일생은 감정이라는 곡선에 따라 회전한다. 때때로 가식적인 눈물도 있겠지만, 그렇다고 회전목마를 타고 무조건 빙글빙글 도는 것은 아니다. 나름 사연이 있는 것이다.

어둠 자락이 겹겹 내려오는 시간이었다. 몸은 시들고 나이만 먹어간다며 걱정을 했더니 '아직도 늦지 않았다. 나약한 마음이 병이다.'며 딸아이가 꼿꼿하게 받아친다. 버르장머리 없다고 나무라니 되레 어미를 저울질한다.

내 가슴에 옴지락거리는 꿈은 아직 진행형이고 잠시잠시 쉼표를 찍으며 취미생활을 하고 싶을 뿐이다. 편한 팔자 타고난 친구들은 스포츠, 쇼핑, 여행이 취미라는데 그래도 '글쓰기'는 건전한 여가라고 인정해 줄 줄 알았다. '노후가 걱정되지 않느냐, 글에서 밥이 나오더냐.' 윽박지르듯 툭툭 마침표를 던지는 남편이 상사화의 기운 꽃대로 보인다.

눈물은 슬픔을 애써 삼키기 위해, 슬픔을 이겨내기 위해 흘린다. 고통과 슬픔을 겪고 있는 사람에게 그 상황을 빨리 극복하라고 윽박지르는 것보다 묵묵히 슬픔을 함께 받아들이고 위로해 주는 것이 더 옳다고 한다.

요즘 자주 불면증에 시달린다. 주위의 환경이 댓잎처럼 술렁인다. 갑작스러운 사고로 남편을 보낸 지인, 파산, 이혼 등. 여자의 입장에서 발만 동동 구르는 '무능력'을 바라보자니 결코 남의 일은 아닌 듯하다. 앞날은 아무도 모르는 것이다. 인생에서 바라는 것이 있다면 성공, 꿈, 행운이나 인생에서 결코 확실하지 않은 것 또한 성공, 꿈, 행운이라고 하지 않던가.

무작정 길을 나섰다. 버스를 타고 기차를 탔다. 발길이 멈춘 곳은 바다였다. 슬플 때 답답할 때면 어김없이 찾아오던 곳이 아닌가. 오도카니 앉아 답을 묻고 구했다. 그러나 바다는 팔을 벌려 주지 않았다. 연민을 베풀어주지 않았다. 대책 없는 넋두리고 변명이라며 싸늘하게 외면했다. 쓴울음을 삼키며 돌아섰다.

돌아오는 길에 폰을 열었다. 카카오스토리에 딸아이의 소식이 뜬다. '나는 나흘째 백화점 앞에서 전단을 돌린다. 찬찬히 살펴보면 거의가 고객이고 완전 노다지다. 전단지를 거절하며 차가운 말을 던지는 사람은 정말 노땡큐다. 내일도 용기 낼 수 있기를.'

갑자기 가슴이 먹먹해진다. 이 뙤약볕 아래 뛰어다니고 있을 아이를 생각하니, 지금 나의 모습이 한심해 보인다. 아이는 인터넷 쇼핑몰을 하고 있다. 건강, 다이어트식품을 판매, 코치한다. 얼른 댓글을 달았다. 맨발로 다니는 아프리카 사람들에게 신발을 팔았다는 어느 영업 전략을 언급한 후 '적선소' 이야기를 덧붙였다. '나무빗을 스님에게 팔라고 했을 때 세 부류의 사람이 있다. 머리를 긁적거리는 스님에게 사정해서 1개를 판 사람, 불자들의 헝클어진 머리를 단정하게 다듬고 불공을 드려야 한다고 설득해서 10개를 판 사람, 주지 스님을 만나 빗에다 스님의 필체로 '적선소積善梳'라고 새겨주면 더 많은 신자가 찾아올 것이라고 설득해서 1,000개를 판 사람이 있다.'

인생에서 가장 중요한 것이 물질이라고 말하는 사람을 경멸했다. 인격도 취미도 물질적 풍요를 거머쥔 후에야 가능하단 말인가. 그러나 인생의 중요한 부분 거의 모든 것에 영향을 미치는 것이 물질임을 결코 부인하지 못한다.

이 나이 되도록 '편하게 살았다'는 이명이 들린다. 남편과 자식의 쓴소리를 서운하게 들을 일만은 아니지 싶다. 남편의 부재를 생각해 보았던가, 무능력한 '어미'가 되어 자식에게 부담을 주지는 않을까. 아직 늦지는 않았다. 분명 내게도 주어진 몫과 해야 할 일이 있을 것이다. 머릿속에 꿈틀거리는 '무언가'가 분명 있는데 정작 발걸음이 주춤거린다. 오금이 저리지만 일어서련다. 일어서야만 한다.

비굴하지 말자. 동정을 구하지 말자. 눈물이 핑 돈다.

□ 2013. 6.

3

깻잎을 읽다

어글이 | 추억속의 그녀 | 부드러움, 그러나 강한 | 간판 |
감나무 | 깻잎을 읽다 | 미루나무 | 타임아웃 | 변신 | 농사일지

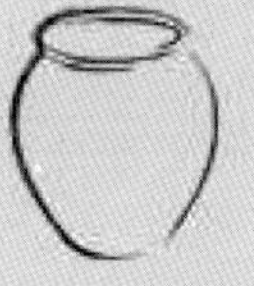

난봉꾼처럼 소란스럽던 바람이 멎었다. 다시 햇살이 비치자 남편은 일구던 밭고랑을 마저 손봐야겠단다. 자갈밭 뚜껑을 열어젖히는 남편 손이 물집투성이다. 남편을 돕지 못하는 나, 어설픈 농부의 철없는 아내다.

어글이

발걸음을 멈추었다. 일백 년 전에 태어났다는 어글이 단지를 마주하니 묘한 감정이 물컹거린다. 어글이는 산을 업고 강줄기를 품었다. 세월 속에 거친 숨결을 잠재우고, 고즈넉이 여유를 부리는 한 마리 짐승이 그곳에 있었다. '짐승이 아니라 새다.' 사람마다의 관점에 따라 순한 짐승이 되고 날개 접은 새로도 보이는 모양이다.

고미술품 전시회장에 들른 것은 행운이었다. 도자기, 목기, 석물과 옹기 등이 나란히 줄지어 있다. 높이 33cm의 용충(도자기)과 돌염주, 옛날 고서의 재료인 한지를 꼬아서 만든 지승 일괄이 눈길을 끈다. 그중에는 서민들과 친근했던 100년 전후의 단지 종류가 많았다. 문양과 용도, 크기에 따른 나름의 지식을 알알이 익혔다. '취재'라는 명목으로 이리저리 카메라 셔터를 누르다가 한 곳에 시선이 꽂혔다. 바로 어글이 단지였다.

그것은 화려하지도, 도도하지도 않았다. 그렇다고 빼어난 자태의 도자기에 한풀 꺾인 초라한 모습도 아니었다. 인위적으로 문양을 넣은 것도 아니고 태어난 그대로의 숨결로 마주했다. '이것이다' 순간적으로 짜르르한 전율이 흘렀다.

옹기를 만드는 건 '불의 힘'이다. 유약으로 치장하고 가마로 들어갔지만 살갗이 벗겨지는 고통이 왔다. 옹기의 겉모습이 어그러진 것이다. 어글이는 '어긋나다'는 뜻으로 가마에서 옹기를 구울 때 생긴 유약 말림 현상이다. 한마디로 그 당시에는 불량품이었던 것이다. 그러나 백 년의 시간은 그 아픔을 꽃과 짐승, 산수화를 품은 작품으로 승화시켰다.

웬 과일 값이 그리 비쌀까. 신사임당 얼굴이 그려진 지폐 한 장을 건네고 받아 든 사과는 정품이 아니었다. "흠다리가 더러 있으나 알도 굵고 맛은 괘안심더." 상인에게 상자를 건네받은 남편이 우물쭈물한다. 처가에 가져가는 것인데 상(上)

품으로 골라야지 않겠냐고 구시렁거린다. 남편 등을 세차게 밀었다.

매년 정월 초하루에는 모임을 갖는다. 처음에는 형제간 집을 돌아가며 모임을 가졌는데, 연로하신 부모님이 거동하기 어려울 것 같아 친정에서 모이자고 결정지었다. 사흘간 친정에서 먹고 마시며 희희낙락했다. 돌아오는 길에 어머니는 바리바리 보따리를 챙겨 주셨다.

"먹다가 알이 작으면 다음에 가지고 오너라. 내사 할 일 없으니 알 작은 것도 먹는다만, 너그는 바쁘니 언제 손질하랴." 감자, 고구마, 무 등을 실어 주면서 말씀하신다. "지난번에 가져갔던 묵은 쌀도 가져오너라. 햅쌀로 밥을 지어야 찬이 없어도 밥맛이 나제."

할 말을 잃었다. 팔순 노모는 품 사서 지은 먹을거리를 자식한테 골고루 나눠주며 행여 맛이 없을까, 알이 작을까 노심초사다. 어머니는 고고한 백자나 청자처럼 품위를 갖추지 않았다. 나무둥치처럼 트고 갈라진 손, 로션 한 번 바르지 않은 얼굴은 추위에 얼어서 거뭇하다. 어머니는 오로지 자식을 바라보는 삶을 사신다.

후회가 밀려왔다. 어머니와 형제들이 먹을 사과 한 박스를 사면서 왜 손을 오므렸을까. 어머니의 마음을 읽는 순간 머릿속에 뎅뎅 종소리가 울렸다.

어머니는 열아홉 나이에 혼례를 올렸다. 마을 서당의 훈장이던 아버지를 여의고 자매들과 서울에서 생활하고 있었다. 잠시 다녀가라는 삼촌의 말씀을 좇았는데, 좁쌀 두 가마니에 사주단자를 받았을 줄 꿈에도 몰랐다. 자의가 아닌, 타의에 의해 결정된 운명의 길이었다.

북쪽에서 내려온 아버지는 혼처를 구할 수가 없었다. 조부모님은 큰아들을 병으로 잃자 삼남매를 데리고 남쪽으로 오셨다. 젖먹이는 떼어놓고 가라는, 그래야 빨리 마음 추스르고 고향으로 오지 않겠냐는 어른들을 뒤로했다. 몇 년 지나면 마음이 치유되려니 했다. 그런데 전쟁이 발발한 것이었다. 남쪽 사람은 북쪽에서 온 사람을 '빨갱이'라며 뿔난 도깨비로 치부했다. 급기야 조부는 조카딸이 많다는 아무개 집에 중신아비를 보냈던 것이다. 혼례 올린 동짓달 스무닷새 날 밤이 깊어가자 아버지는 메밀가마에서 어른 머리통 크기의 고구마를 꺼내었다. 색시에게 구워 주려고 잘 보관해 두었던 고구마가 아버지의 달콤한 마음이었다.

어머니는 악착스럽게 살아야 했다. 이삼 년 터울로 늘어나는 어린것들을 먹이고 가르치려면 밤낮없이 잰걸음을 몸에 익혀야 했다. 유교사상이 몸에 밴 어머니는 밥상머리 교육도 엄했다. 어른의 그림자는 밟아서도 안 되었다. 식구들이 남에게 손가락질 받는 것은 더더욱 싫었다. 그러나 실향의 외로움을 술로 달래는 시아버지와 남편의 주사는 꽉 막힌 돌덩이였다. 때로는 자갈길을 맨발로 걷고 가시밭길을 헤쳐 나가다 상처가 쨍그랑거리는 소리를 들어야 했다.

갑자기 어머니의 하늘이 깜깜해졌다. 장성한 아들을 오토바이 사고로 가슴에 묻어야 했을 때 꼿꼿하던 자태가 모래성처럼 무너져 내렸다. 동네사람 마주치면 서로가 어색타고 먼길로 둘러 둘러서 다녔다. 누구나 한 번은 가야 한다지만 당신의 자식은 보름달 되기 전에 이지러진 영원한 월식이었다. 낮에는 산비탈 밭고랑에 엎드려 짐승처럼 몸부림치며 울었다. 밤에는 다락방 구석에서 고양이처럼 웅크린 채 입을 틀어막고 울음을 삼켰다. 보낸 자식 때문에 흐르는 눈물을 남은 자식들에게 보여주기는 싫었던 것이다. 부연 새벽에 밭에 나가 어둠이 겹겹 질어야 집으로 오는 생활이 몇 년이었다. 세월의 허리는 그렇게 낡아갔다.

자신의 모든 것을 포기하고 자식을 위해 헌신한 어머니시다. 젊은 날에 몇 번의 보퉁이를 쌌다 풀었다 하기도 쉽지는 않았으리라. 마을 모퉁이 돌아서면 어린것들의 울음소리가 귀에 감겨 발걸음을 뗄 수 없었다는, 오로지 자식이라는 끈을 잡고 팔순의 어머니는 그렇게 고통을 삭히었다. 어글이 단지처럼 묵묵히 자신의 문양을 보듬었다.

이제야 가난한 눈이 뜨이고 귀가 열린다. 여자로서의 지난했던 어머니의 삶이 보이기 시작한다. 아마도 어머니의 삶은 불가마가 아니었을까. 장성한 자식의 안위를 걱정하는 어머니, 가마 속에는 아직도 애끓는 신음이 들린다.

□ 2013. 1.

추억 속의 그녀

해마다 한 번씩 다녀가는 그녀다. 며칠 동안 뜨거운 날을 함께 보내다 홀연히 떠나가 버린다. 사실은 그 며칠이 안타까운 것이다. 게으름 피우다가 그녀의 얼굴을 마주하지 못하고 떠나보내면 다시 일 년을 기다려야 한다.

낯선 사람이 매력적인 이유는 그에 대해 아는 것이 없기 때문이라고 한다. 우리는 낯선 얼굴을 보기 위해 만남을 주선했다. 민물매운탕이 유명하다는 비슬산 서쪽편, 용연사 연못 부근의 식당에서 사인방에 합류할 또 한 사람을 마주했다. 주거니 받거니 소주잔이 오고갔다. 술을 마셔보면 상대의 성품을 대략 알 수 있다. 몸가짐은 반듯한지, 인품이 있는지. 서로가 서로를 마주보며 목젖을 드러내고 웃어도 어색하지 않을 만큼의 시간이 흘렀다. 문학친구, 술친구들은 이쯤해서 해마다 딱 한 번씩 다녀가는 그녀를 보러 가자고 입을 모았다.

술기운이 도니 운전하기가 그렇지 않느냐, 해서 대리운전을 부르니 20여 분 기다려야 도착이란다. 그러면 저기, 그녀가 마중 나와 있을 모퉁이까지만 가서 기다리자며 차량제공을 한 D가 차에 오른다. 그러다 단속에 걸리면 어찌 하려구, 조금 기다렸다가 그녀에게로 가자는 뒷사람의 만류에도 막무가내다. 할 수 없이 일행은 차에 올랐다. 먼 곳에서 바라보아주는 것도 미덕일 수 있다. 그러나 직접 찾아가서 마주하고픈 마음이 더 간절했던 것이다. 특히 마음 맞는 지인들끼리 모였으니 더욱 그러하였으리라.

그녀를 만나는 순간을 기대했다. 벙글어진 미소로 맞아줄 그녀이기에 우리의 마음도 붕붕 뜨기 시작했다. 그러나 그녀를 사모하는 마음은 우리만이 아니었다. 좁은 산골길은 차량으로 미어졌다. 밀고 밀리는 대열에 합류해 설렘의 마음을 다독이는데, 갑자기 차가 정차해 버린다. 왜 그러지? 창문을 열고 내다보니 음주단속중이다. 큰일이다. 모두들 술에 취해 있었고 차를 후진할 수도, 유턴을 할 수도 없는 지경이다. 불빛 번쩍이는 도깨비방망이를 치켜든 경찰이 쫘악 깔렸다. 차량 한 대 한 대를 세워놓고 입에다 피리를 가져다주며 불어보라고, 아주 친절하게 권유한다.

이를 어쩌나, 모두들 애를 태우는데 갑자기 D가 생수를 찾는다. 1.8리터를 벌컥벌컥 단숨에 마신다. "어서 불어 보십시오." 살짝 회유적이면서도 강압적인 피리장수는 끈질기게 독촉을 한다. D도 사람 상대에는 이골이 난 편이다. 잠깐 차에서 내려야겠다며 시간을 벌고 있었다. 그러나 상대방은 이미 우리의 허점을 간파했고, 우리는 빠져나올 수 없는 그물 속으로 옥죄어 갔다.

'운전면허 정지, 벌금 *백만 원', 숨이 턱 막힌다. 울어줘야 하나, 아님 허허 웃어야 하나. 어차피 깨진 쪽박이니 위로 겸 위문공연이나 열어줄 수밖에 더 있으랴. 사월 초순의 밤공기는 싸늘했다. 벼논의 그루터기가 발길에 차이는 논바닥에서 노랫가락을 뽑아 올리며 몸을 흔들었다. 한쪽 편에 쪼그리고 앉아서 바라보노라니 그 풍경 또한 가관이다. D의 의연한 모습이 더 아리다. D를 위해 몸을 흔드는 S와 K의 웃음소리 뒤끝이 왠지 공허한 여운으로 남는다. 우리의 밤 벚꽃놀이는 이렇게도 비싸고도 아팠던 것이다.

그 후로 벚꽃만 피면 용연사 벚꽃 길을 떠올린다.

"그때 참말로 막막했었다."

말을 받아치며 K가 깔깔 웃는다.

"지나고 나니, 그만큼 기억에 남는 추억이 없더군. 논바닥에서 얼마나 신발을 비볐던지, 집에 와서 보니 바지에 온통 흙먼지가 가득하더라구."

D는 그 사건 이후로 차를 몰고 모임에 오는 날이면 술은 아예 사절이다. 얼마나 놀랐는지 음주운전 소리만 들어도 고개를 휘휘 젓는다.

지나고 나니 그때가 참 좋았었다. S를 처음 만나던 날에 벌어진 사건이었다. 아마 S도 우리의 첫 만남을 특별한 추억으로 기억할 것이다. 쉽게 만난 친구는 우리 같은 추억이 없을 게야. 큰 자랑거리도 아니면서 한 번씩 끄집어내어 기억을 닦는다. 척박한 땅에서 피어난 꽃일수록 강인하고 향기도 귀한 거야. 우리 사인방은 가끔씩 만나 깔깔거린다.

세상에 낯선 사람은 없다고 한다. 아직 알지 못한 친구가 있을 뿐이지. 이 모든 것은 고년, 일 년에 한 번씩 다녀가며 애간장 녹이는 벚꽃 때문이었지. 애꿎은 누명을 씌워본다.

□ 2012. 4.

부드러움, 그러나 강한

♧ 튼튼

내 나이는 육백 살이야. 조선 세조 때 정이품의 벼슬까지 받았지. 귀한 대접을 받으며 지내왔는데 요즘은 아파. 태풍에 팔목이 부러지고 어깻죽지도 늘어져 수술 했어. 임계 수명이 오백 살이라고 하는데 오래 산 거지. 영양제도 맞고 인공교배로 후손을 이어가려고 노력하고 있어. 튼튼했던 몸은 기울어진 지 한참이야. 지줏대에 의지하는 게 이젠 귀찮아. 뭇 시선들 잊고 마른 목 축인 후, 석양 속에 잠들고 싶어.

♧ 강인

나는 살아 천 년, 죽어 천 년을 살지. 나이테는 언제부턴가 사그라지고 없어. 바람이 내 창자를 훔쳐 갔나 봐. 속을 긁어 내린 쓰린 통증도 이젠 다 아물었어. 되레 휑하니 가벼워서 좋네. 한겨울 눈바람이 와도 이제는 거부하지 않아. 바람도 쉬어 갈 곳이 없어 외로운가 봐. 가슴에 품어 주면 내 몸에 화려한 얼음꽃을 피워주지. 내겐 생명을 이어가야 할 맹렬한 삶의 욕구가 있어. 나의 피는 계절마다 색깔이 달라. 영양을 축적할 때는 초록색, 잠을 잘 때는 흰색, 그러나 마음속엔 늘 빨간 피를 꿈꾸고 있어. 주목, 이천 년을 살려면 더 강해져야 하잖아.

♧ 단단

화자는 내 나이를 두고 갸웃거리네. 태어나서 사물을 눈에 익힐 쯤부터 대청마루에 앉아 바라본 것이 오십 년이라지. 강원도 화천에는 19억 살 된 백립암도 있다지만 그거야 까마득한 이야기니까 접어 두고. 화자의 할머니는 일 년에 몇 차례씩 나를 찾아왔어. 오일장에 가서 북어 한 마리, 제철 과일 몇 알, 때깔 고운 김, 알 고른 쌀을 가져와 산에서 내려오는 물을 받아 정성스레 냄비 밥을 지었어. 뜸을 알맞게 들여 지은 밥에 싸리나무로 젓가락을 만들어 꽂고 두 손을 모았지. "비나이다. 비나이다. 산신령께 비나이다." 기도가 끝나면 소지燒紙를 올리고 물끄러미 바라보고 있는 막내 손녀를 불러 불씨에 그스른 김에다 밥을 싸서 먹였어. 할머니의 소원은 늘 같았어. 식구들의 안일을 빌었지.

화자의 할아버지는 내가 우뚝 서 있는 뒷능선에 누워 있고 화자의 할머니는 마주보는 산 능선에 누워 계시지. 화자는 고향에 올 때마다 마당에 서서, 혹은 마루에 앉아 나를 바라보고 있어. 도심에서 느끼지 못한 물소리, 바람소리, 시간의 흔적을 불러내고 있는 거야. 찰방찰방 발목께로 흐르는 봇도랑에 발을 담그고 마냥 깔깔거리지. 나는 화자가 태어나기 전부터 그 자리에 있었고 앞으로도 계속 그 자리에서 눈을 맞추고 있을 거야. 비바람에 깎이어 흔적이 사라지려면 에효, 나이를 가늠하기 어렵겠네.

♧ 부드러움

정제된 나, 밀알이 번식하여 방앗간으로 갔어. 제분기에 들어가 부드럽게 변신했지. 가볍고 작은 알갱이, 그러나 먼지와는 격이 다르지, 암 다르고말고. 주방에서 다용도의 식재료로 사용하는 필수품이야. 예전엔 자연 그대로의 피부로 지냈었어. 막걸리로 반죽하여 따끈한 열기 남아있는 가마솥에 앉아 있었지. 반나절 밭일하고 오는 시간이면 적절히 발효되어 있었어. 양은 쟁반에 들기름 살짝 바르고 반죽을 쏟아 붓는 거야. 삶은 울콩을 군데군데 박아주고 가마솥에 찌면 누런 밀빵이 되었지. 요즘은 제과점이 많아 빵을 쪄 먹는 집이 드물어. 표백화장으로 새하얀 밀가루가 되었어. 그래도 쿠키 만들고, 전 부치고, 수제비 만들어 먹으니 주방의 예쁜이라 할 수 있지. 나, 부드럽지만 인류의 생존을 책임지는 막강한 먹을거리야. 예전에도 그래 왔고 앞으로도 계속 이어질 명줄을 잡고 있어.

♧ 부드러움, 그러나 강한

분쇄기는 활용도가 으뜸인 조리기구다. 믹서는 물을 부어서 사용하지만 분쇄기는 여러 가지로 쓰임이 많다. 물을 넣어 갈아도 되고, 재료 자체만 갈아도 된다. 마른 곡식과 딱딱한 버섯도 거뜬하다. 분쇄기는 강하다.

멸치, 새우, 다시마, 마른표고를 분쇄기에 돌린다. 자연식 조미료를 만들었다. 찌개에 넣으니 감칠맛이 난다. 다시 감자와 양파, 호박과 파 등 냉장실에 있는 자투리 야채를 넣어 돌렸다. 걸쭉한 재료에 밀가루를 섞어 전을 부쳤다. 색감이 청량한

게 입맛을 당긴다. 기왕 분쇄기를 돌릴 바엔 수제비도 만들어야겠다. 단호박이 몇 덩이 있으니 노란 수제비를 만들어봐야지. 엄청 단단하다. 용을 써서 단호박을 잘랐다. 토막을 내어 분쇄기에 돌렸다. 적당히 분쇄되자 밀가루를 첨가했다.

덜커덩, 기계가 멈춘다. 왜 그러지, 뚜껑을 열어보니 단호박에 수분이 부족해선지 밀가루가 겉돈다. 물을 첨가했다. 한참 돌아가더니 다시 덜커덩, 멈춘다. 뚜껑을 열었다. 수분이 있기는 한데 부족한 것 같다. 또 물을 부었다.

덜커덩, 덜커덩, 자꾸 멈춘다. 단단한 것도 잘 분쇄하는 기계인데 왜 이럴까. 문제는 밀가루에 물을 섞으니 점성도가 높아져 분쇄기의 칼날에 밀착된 것이다. 부드러운 밀가루는 많이 넣어도 된다고 생각했다. 그런데 부드럽다고 생각했던 밀가루가 칼날을 세울 만큼 강해진 것이다. 단단한 것도 가소롭게 갈아치우는 분쇄기가 밀가루에 항복한 것이다. 부드러움의 속뜻까지 헤아리지 못했다. 부드러움의 투쟁은 생각지도 못했다. 부드러움이 빳빳한 깃발을 세우고 있다.

□ 2013. 11.

간판

밤이 되자 도심의 거리가 깨어났다. 육중한 시멘트 건물에 화려한 전등이 마술을 부린다. 커피잔을 마주한 연인, 술잔을 부딪치며 피로를 푸는 직장인이 꽃등에 물든다. 낮에는 무심히 지나쳤던 세상이 유리창으로 투영된다.

건물에는 모자를 쓴 옥상간판, 머리띠를 착용한 가로형간판, 핸드백을 맨 돌출간판, 지면을 이용한 지주간판과 현수막이 활개를 친다. 시야를 몽롱하게 하는 유흥가의 간판은 그야말로 별천지다. 빨강, 노랑, 파랑 등으로 치장한 몸은 유혹의 손길을 뻗친다.

간판에 새겨진 이름도 완전 이국이다. S유원지 주변에는 세계 여러 도시가 집결했다. '아리조나', '케냐', '뉴욕', '비잔티움', '하와이' 등이 포진하고 '굳 타임', '아리아나', '오션' 등 외국 이름이 즐비하다. 우리 글로 된 간판도 고개를 치켜든다. '어물전', '터', '두리 마을', '떡보의 하루', '아리랑'이 정겹다. '신고 벗고', '가위가 있는 풍경', '빵 굽는 마을'은 이름만 보고도 무엇을 하는 집인지 금방 알 수 있다. '세 남자 이야기'에 세 남자 보러 갔더니 꽃미남이 넷이어서 밥맛이 더 좋았다는, '오셨드래요'에서 메밀 음식 먹으니 강원도 사투리가 정겹더라는 후문도 있다.

매스컴에 기사가 떴다. 병원 간판에 특정 신체 부위를 이름으로 사용할 수 없도록 한단다. 그런 법 규제가 없으면 간판의 음란성에 낯이 뜨거울 수도 있단다. 폰을 뒤적이다 친구의 카카오스토리를 보았다. 친구는 '직설의 힘'이라며 글을 올렸다.

'몇 년 전 치질 치루 수술을 받았다. '학문'이 '항문'으로 소리 나는데 그것을 다루는 병원은 어찌 '학문 외과'인가. 서울 지하철역에서 보았다. '○○ 항문 외과'. 아, 역시 서울사람들은 부드럽고 대구사람은 거칠구나. 더 놀라운 사실은 '항문 외과' 밑에 '여성전문'이라는, 생물책에도 없는 생물학적 진실을 알았노라. 내 것은 항문, 춘향이 것은 향문.'

‘항문’과 ‘향문’, 간판을 흘려 보지 않고 매스컴보다 빠르게 글을 올린 친구 덕분에 웃었다. 대단한 예지력이다.

밤거리의 간판이 꽃을 피운다. 뜨거운 꽃, 향기 없는 꽃, 전구 만화방창이다. 꽃그늘 아래 여우와 늑대가 희롱하고, 술 냄새에 절여진 늙은 곰은 시선이 휘어져 비틀거린다. 주머니가 헐거워 눈으로 쇼핑하는 사람, 묵직한 주머니를 털어 쇼핑백 몇 개씩 들고 종종걸음 하는 사람, 가슴속에 가시연을 키우기도, 노랑어리연을 키우기도 하면서 꽃구경을 한다.

밤이 깊어 갈수록 인파는 줄고 화려한 마술도 시들해진다. 싸늘한 건물에 피었던 전등꽃이 무덤덤하게 시선을 떨군다. 지친 간판은 졸음을 못 이겨 하품한다. ‘인생이라는 건 우스운 것, 어떤 부질없는 목적을 위해 무자비한 논리를 불가사의하게 배열한다. 우리가 인생에서 희망할 수 있는 최선의 것은 우리 자아에 대한 약간의 앎이다. 그런데 그 앎은 너무 늦게 찾아와서 결국은 지울 수 없는 회한이나 거두어들이게 된다 - 조셉콘드라.’ 시간의 잰걸음에 잠이 깬 바람이 창백한 도심의 꼬리를 묶는다.

□ 2013. 9.

감나무

첫딸이 태어났습니다. 아버지는 고욤나무 가지에 접을 붙인 '고종시' 묘목을 담장 안에 심었습니다. 옛날, '고종황제께 진상한 감'이라는 뜻에서 이름을 붙인 감나무입니다. 둥시가 지천인 지방에 고종시는 귀한 품종이었습니다. 딸아이가 맛있게 먹을 것을 생각하며 아버지는 나뭇가지를 어루만졌습니다.

♧ 감꽃

감나무 가지에 연둣빛 새살이 돋습니다. 이맘때면 강남에서 제비가 돌아옵니다. 안채 처마 아래에 제비가 둥지를 틀었습니다. 별난 제비는 비틀어진 정지 문틈으로 들어와 어머니 심사를 건드립니다. 부지깽이는 무기로 변합니다. 살강 위에 집을 지으려는 제비와 집을 부수는 어머니 사이에 한바탕 소동이 벌어집니다. 처마 밑 서너 채의 제비집 아래, 아버지는 송판때기를 대 주었습니다. 새끼 치는 제비의 이물질을 막아주는 안전장치였습니다.

우윳빛 꽃이 피었습니다. 감은 꽤 지위가 높은 과일인가 봅니다. 꽃모양이 왕관을 닮았습니다. 감나무 아래 멍석을 펴고 소꿉놀이 합니다. 갓 떨어진 꽃은 아삭아삭 씹힙니다. 조금은 떨떠름한 맛입니다. 무명실로 꽃을 꿥니다. 목걸이도 만들고 팔찌도 만들어 치장합니다. 새끼 치는 제비도 분주합니다. 잠시도 가만히 있지를 않습니다. 전깃줄에 앉아서 이웃제비와 지지배배 쫑알쫑알 웬 수다가 그리도 많은지요.

♧ 감잎

감나무 그늘이 짙습니다. 감나무에 더부살이하는 매미는 지치지도 않는가 봅니다. 우렁찬 목소리가 쩌렁거립니다. 덩치 크고 기다란 말매미, 세련되고 정숙한 참매미, 천사 같은 날개의 풀매미, 멋진 도포자락 입은 유지매미, 흔하디흔한 쓰름매미 등이 옹기종기 모여 삽니다. 매암매암, 쓰르쓰르르,

감나무는 매미천국입니다.

매미는 종류에 따라 2년에서 17년까지 땅속 생활을 합니다. 알, 애벌레, 성충, 알에서 깨어나는 부화, 애벌레에서 번데기가 되는 용화, 허물을 벗는 탈피, 날개를 펼치는 우화의 과정을 거칩니다. 암매미는 발성기관이 없어서 울지 못합니다. 대신 수매미가 자신의 존재를 알리기 위해 목청껏 노래합니다.

방학숙제로 곤충채집을 합니다. 오빠는 기다란 막대에 철사고리를 만들어 단단하게 고정시킵니다. 고목나무나 집 모퉁이에 쳐져있는 거미줄을 둥근 고리로 살살 걷습니다. 거미줄로 만든 그물이 됩니다. 잠자리는 높은 곳을 좋아하나 봅니다. 바지랑대에 앉아 꼬리를 까딱까딱 유혹의 몸짓을 합니다. 검지를 높이 치켜들고 원을 그립니다.

"요기 요기 붙어라~"

잠자리가 손가락 끝에 앉습니다. 아차차, 놓쳐버립니다. 거미줄 그물은 잠자리 잡기가 수월합니다. 살짝만 스쳐도 잠자리 날개는 덫에 걸립니다.

'우화등선羽化登仙', 몸에 날개가 돋쳐 신선이 되어 하늘로 오른다는 뜻입니다. 땅속에서 긴 기다림을 견딘 매미를 두고 한 말입니다. 밝은 세상에서 번식을 위해 한 달 남짓 살다 생을 마감하기에 매미의 삶은 열정적일 수밖에 없습니다. 감나무 둥치에서 잡은 매미는 무명실로 발을 묶어 다시 붙여 둡니다.

"며칠 더 이슬 먹고 살거라."

감나무는 기꺼이 등을 내어주고, 그늘진 잎으로 매미를 보호합니다.

까치발로 키 키워도 보이는 건 온통 산, 산, 산뿐입니다. 햇살 따가운 한낮에 논배미에서 들리는 뻐꾹새 울음과 해거름 무논의 개구리 합창, 새벽녘 어슴푸레 동그라봉에서 들려오는 소쩍새 울음소리가 애절합니다. 소쩍새가 '소쩍' 하면 흉년이 들고, '솟적다'고 하면 솥이 작으니 큰솥을 준비하라는, 풍년을 예고하는 울음이라고 합니다. 시어머니한테 구박받다가 굶어죽은 며느리가 소쩍새가 되었다는 전설을 할머니 품에서 들었습니다. 산골 마을의 여름은 주구장창 매미의 연가로 이어집니다.

♧ 홍시

하늬바람의 손길이 부드럽습니다. 감나무에 색동옷을 입힙니다. 주먹덩이만 한 감이 질푸른 색에서 조금씩 주황빛으로 익어갑니다.

"오빠, 저기, 감잎 사이에 숨은 홍시 따 줘."

손가락이 향하는 방향으로 올라간 작은오빠는 머뭇거립니다. 쉽게 홍시를 따지 못합니다. 중간오빠가 감나무로 올라갑니다. 날다람쥐처럼 잽쌉니다.

"투둑~!"

감나무 가지가 갈라집니다. 얼른 몸을 다른 가지로 옮겼으니 망정이지 큰일 날 뻔했습니다. 할머니는 혀를 끌끌 찹니다.

"감나무에서 떨어지믄 약이 없지비. 옆집 그시기는 감나무에서 떨어져 다 죽게 되었는데 똥물 먹고 살아났지비."

젖꼭지처럼 뾰족한 홍시의 속살을 쪽쪽 빨아 먹습니다. 얇은 겉옷만 오롯이 남습니다.

고추바람이 감나무 어깨를 툭툭 칩니다. 감잎이 우르르 땅으로 내려옵니다. 책갈피에 끼울 감잎을 줍습니다. 감잎은 크고 두툼하지만 색깔이 곱습니다. 잎 떨어진 나무에는 주황빛 감덩이가 주렁주렁 꽃처럼 달렸습니다. 노을이 지펴지면 저녁답의 감은 빨갛게 익어갑니다. 성질이 급한 감은 너무 익어 홍시가 됩니다. 감은 뜨거운 과일입니다. 그제야 작은오빠는 장대를 던지고 나무에 올라 홍시를 땁니다. 나중에 알았습니다. 작은오빠는 ROTC 신체검사에서 '적록색맹'을 받아 낙오되었다고 합니다.

감나무 아래에 서면 환합니다. 한 그루 나무가 꽃등입니다. 어른도 아이도 덩달아 환합니다.

♧ 곶감

땡감은 조심해서 다루어야 합니다. 흠집이 있거나 무른 감은 거뭇한 흉터가 생깁니다. 처마에 새끼줄로 감타래를 걸어 놓고 한 뼘 남짓한 싸리나무 꼬챙이를 간격에 맞게 끼웁니다. 그 꼬챙이에 깎은 감을 꽂습니다. 집집마다 처마와 뒤란에 늘어진 감타래는 장관입니다.

감 껍질은 말려서 할머니가 먹었습니다. 흠집난 감은 납작하게 썰어 감또개(감말랭이)로, 물러버린 홍시는 시루에 짚을 깔고 차곡차곡 넣어 식초를 만들었습니다.

"감에 손대지 말거래이. 잘 말려서 제상에 올려야 하지비."

말랑하게 건조되어 가는 반시의 유혹을 뿌리치느라 뒤란에는 일부러 발길을 끊었습니다. 감타래가 조금씩 균형을 잃고 눈알 빠지듯 구멍이 뚫렸습니다. 어느 날 중간오빠가 앓아누웠습니다. 얼굴이 노랗게 질렸습니다. 어머니는 할머니께 역정을 내었습니다.

"애들이 먹어 보았자 몇 개나 된다고, 곶감이 그리 아깝습니까?"

오빠는 몰래 감을 빼먹다가 할머니한테 들켰습니다. 우물거리다가 꿀꺽 삼켰는데 그게 딱 체한 것입니다. 시골에 마땅한 군것질거리도 없을 뿐 더러, 빤히 바라보는 말랑한 반시를 지나치기가 쉽지 않았을 겁니다.

꽂이에 꿰어 말리는 감은 밤낮의 기온 차에 의해 60여 일의 건조기간을 거칩니다. 그제야 떫은맛이 사라지고 단맛이 생깁니다. 곶감은 스스로 화장을 합니다. 하얀 분가루를 바른 '시설柿雪'이 생깁니다.

꽃피어 열매 맺고, 열매의 껍질을 벗겨 자연 상태에서 건조 시켜 곶감으로 탄생되기까지 참으로 긴 기다림의 시간입니다. 인고의 시간은 다디단 결실을 맺었습니다.

♧ 독백

나는 감나무입니다. 나이는 62살입니다. 나를 보살펴 준 '아버지'는 육남매를 낳았습니다. 북한에서 월남한 할아버지는 집을 바라보는 앞산에, 할머니는 옆산에 누우셨습니다. 찬바람 한풀 꺾인 어느 날, 아버지도 눈을 감으셨습니다. 주무시다 조용히 새벽녘에 가셨습니다. 한 마디 유언도 없었습니다. 설움 짙은 밤비가 한바탕 쏟아졌습니다. 꽃상여 젓을 세라 부산떨고 나자 비 그쳤습니다. 밤하늘이 다시 파래졌습니다. 이월 열하루 달이 감나무 가지에 앉았습니다. 할아버지, 할머니, 아버지는 멀고 먼 함흥, 꿈에 그리던 고향땅을 훨훨 다녀오셨겠지요.

아버지가 돌아가신 다음 해, 감나무 한 그루도 영영 싹을 틔우지 않았습니다. 이제 세 그루만 남았습니다.

어머니는 요즘 잠을 설칩니다. 뒤척이다 하 답답해서 사랑채의 미닫이 방문을 엽니다. 장독대 옆의 휑행한 감나무가 눈에 밟힙니다. 집수리 하면서 가지를 잘라버린 감나무를 바라봅니다.

"영감이 심은 감나무인데……."

어머니는 아버지가 보고 싶은 것입니다.

어머니의 걸음걸이가 무겁습니다. 휘청거립니다. 몸은 검불처럼 가벼운데 삶의 나이테는 감출 수 없나 봅니다. 빈 벌집처럼 얽히고설킨 세월이었습니다. 아버지가 떠난 빈집에 홀로 남은 어머니는 까치밥이었는지도 모릅니다. 자식들은 배고픈 까치처럼 몰려와 그 까치밥마저 쪼아 먹었습니다. 어머니는 늦가을의 감나무를 닮았습니다.

'하늘 아래 첫 감나무'*가 750살을 먹었으니, 62살은 청춘입니다. 앞으로도 집안의 내력을 쭉 품고 갈 '고종시', 감나무는 집안의 환하고 어두웠던 부분을 기억합니다. 할아버지의 한시 읽는 소리와 할머니의 기침소리를, 새벽을 열고 밭으로 향하는 아버지의 발자국과 보리쌀 삶아 밥을 안치는 솥뚜껑 여닫는 소리, 아궁이에 타닥타닥 불 지피는 어머니의 재바른 손놀림을. 육 남매의 애환, 그리고 손자들, 손자의 자식들, 넘어지고 일어서는 울음과 웃음소리도 오롯이 담아 두었습니다.

감나무 아래에서 뛰어 놀고 감을 먹으며 성장해 온 사람은 떫은 말을 삼킬 줄 압니다. 자라온 환경은 가치관을 숙성시킵니다. 감이 익듯이 사람도 익어 갑니다. 언젠가 떫은맛이 단맛으로 변한다는 것을 알고 있습니다.

'노 씨네 집 감나무'는 5대의 삶을 간직한 숨결이며 전설입니다.

* 하늘 아래 첫 감나무 : 상주시 외남면 소은리에 있는 보호수

□ 2013. 7.

깻잎을 읽다

뒷베란다를 정리하다가 찌릿, 했다. 지난가을에 딴 깻잎이 아직도 소금물에 잠수해 있었다. 구석에 잘 둔다는 것이 지나친 보관 탓으로 눈에 띄지 않았나 보다. 한 해 겨울이 지났건만 웃기돌로 꼭꼭 눌러 둔 덕분인지 깻잎은 노랗게 잘 삭아 있었다. 몇 번을 찬물에 헹구고 큰 냄비에 넣어 한 소끔 끓인 후, 다시 찬물로 헹궈 물기를 제거했다.

주부 생활 몇 년인가. 부엌 생활은 또 몇 년인가. 중학교 다닐 때부터 일요일이면 어머니 일손을 도왔다. 많은 농사거리로 품을 사야 했기에 새참이며 점심이며 부엌일을 거들었다. 밭일은 하지 않았으나 솜씨가 짭짤하다는 칭찬에 못 이겨 자진해서 부엌으로 들어섰다. 농번기에는 부지깽이라도 보태어야 할 처지가 아닌가.

부엌일이라는 게 밥하고 국끓이기가 전부는 아니다. 찬거리 만들기도 여러 종류인지라 데치고, 볶고, 무치고, 부치고, 찌고, 끓이고 종류가 다양하다. 그뿐만이 아니다. '담그기'가 있다. 된장, 고추장, 김치, 장아찌가 있으며 김치와 장아찌 종류의 숫자도 만만찮다. 문제는 '담그기'인데 담글 때마다 일정한 맛이 나오지 않는다는 것이다.

밥상의 단골 메뉴를 꼽자면 아마 깻잎이 아닐까 싶다. 들깨는 아무 곳에서나 잘 자란다. 그것은 쉽게 재료를 접할 수 있다는 이점이기도 하다. 들깨 입장에서는 환경 좋은 밭고랑을 차지하지 못하는 서운함도 있었을 게다. '참'깨에 밀려 'ㅂㅅ개'라는 본래의 이름을 잃고 '들'깨라는 소박한 이름을 새로이 얻었다. '참'은 진짜이고 '개'는 가짜를 의미하듯 '들'도 비슷한 뜻을 가진 것은 아닐까. 아니면 흔하디흔한 '들'꽃과 같은 의미인 것일까. 흔한 것은 편안하다. 그리고 강인하다.

텃밭에 이랑을 지어 들깨 씨앗을 뿌렸다. 모종을 해서 이식하려고 했는데 가뭄으로 인해 싹이 배배 틀어졌다. 비가 흠뻑 내린 며칠 후, 모종을 살피러 갔더니 들깨보다 웃자란 잡초가 녹음이다. 고라니도 펄쩍펄쩍 뛰어다닌다.

"들깨가 대수냐, 풀밭에 호랭이 새끼 치는 꼴은 못 보겠다."

남편은 풀이며 곡식이며 싹쓸이 깎아 버렸다.

노는 땅 아깝다며 깻모종을 이식한 사람은 언니였다. 나이 든 사람은 땅의 노른자도 분별해 내는가 보다. 텃밭 모서리의 찰진 곳에 심은 들깨가 어찌나 잘 자라는지 밭에 갈 때마다 깻잎을 따고 또 따도 푸름을 더했다. 그런데 이상하게 가을이 되어도 들깨꽃이 화르륵 번지지 않았다. 씨앗 꼬투리가 여물지 않고 이파리만 무성했다. 그제야 알았다. 들깨도 종류가 있어서 씨앗을 먹는 것과 이파리만 거두는 종류가 있다는 것을.

깻잎을 땄다. 차곡차곡 한 움큼씩 여며 돈다발 쟁이듯 꼭꼭 묶었다. 데치고, 볶고, 전 부치고, 이웃에 나눠주고. 나머지는 통에 가지런히 넣어 소금물 풀어 붓고 웃기돌로 눌러두었다.

깻잎김치를 담근다. 진간장에 집간장 첨가하고, 농도 맞추려 매실엑기스, 설탕 조금, 윤기 내려고 물엿, 생강과 마늘로 향을 보탠다. 냄새제거용 소주와 생수를 넣어 재료를 바글바

글 끓였다. 양념이 식자 고춧가루와 깨소금을 넣었다. 밑반찬은 싱거우면 안 된다. 더구나 '담그는' 것은 조금은 짜고 달아야 보관이 용이하다.

하찮은 것 같지만, 하찮지 않은 깻잎이다. 푸른 잎은 멋지게 떠돌아다니는 맛이다. 특히 고기 먹을 때 으뜸이다. 삼겹살 한 점 곁들이면 환상의 궁합이 따로 없다. 쪄서 먹어도, 샐러드에 넣어도, 전이나 튀김에도 밉지 않은 얼굴이다. 향 자체로도 개성이 강하다. 청춘의 맛이다.

요즘은 깻잎을 사시사철 구할 수 있다. 하지만 예전에는 저장이 필요했다. 장아찌나 삭혀서 음식을 만들어야 오래도록 먹을 수 있었다. 청춘의 깻잎은 삭은 깻잎을 두고 단조롭다고도 할 수 있겠다. 그러나 후자는 외모에 신경 쓰지 않아도 된다. 욕망도 필요 없다. 과거를 묻어 두고 현재에 만족하는 모습이 좋다. 일정한 맛과 일정한 정붙임이 좋다.

한 움큼씩 여덟 뭉치, 한 뭉치를 헐어 깻잎 두 장, 혹은 서너 장씩 양념장에 묻힌다. 일일이 간을 다 적실 필요는 없다. 중간 중간 부재료로 들어간 깨소금과 채 썬 재료가 보석처럼 박힌다. 푸른 옷 벗고 노랗게 갈아입은 옷이 지혜롭다.

책장을 넘기듯 깻잎을 읽는다. 처음에는 달짝지근한 말로 현혹할 수도 있겠다. 그러나 시간이 지날수록 평범하지만 흔하지 않은, 고상하지는 않아도 끌림이 있는 '이거다' 하는 알맞은 맛을 만날 것이다.

깻잎에게는 늦은 계절 삼월, 아이러니한 봄의 길목에서 묵은 맛을 읽는다.

□ 2013. 3.

미루나무

미루나무 두 그루가 시선을 당긴다. 산길 구부러진 모롱이에 훤칠한 키로 서 있다. 바람이 불자 이파리를 살랑살랑 흔들며 손을 내민다. 속내를 들킨 듯, 한 번씩 은빛으로 뒤척이는 속살이 어여쁘다.

개울 건너 논두렁에 미루나무 두 그루가 있었다. 바람이 한 차례씩 불 때마다 왁자하게 수다를 떨었다. 원터 집 논둑에 자리한 키 큰 미루나무에는 늘 바람이 쉬어 갔다. 참기름을 바른 듯 윤기 흐르는 이파리가 좋았다. 터가 좋은 자리에 살고 있다는 '원터' 집은 땅부자라고 했다. 대청마루에서 바라보면 그 미루나무가 버티고 서서 마음을 앗아갔다. 군데군데 미루나무가 있었으나 잘생긴 그 나무에는 미치지 못했다.

시간이 흐른 어느 날, 미루나무가 사라졌다. 제방 공사 하느라 논둑의 나무를 죄다 베어버렸다. 버드나무, 오리나무, 까탈복숭아나무도 사라지고 그 미루나무까지 사라진 논둑은 휑뎅그렁하다 못해 쓸쓸함이 묻어왔다.

의성의 산골짜기, '구름 위의 산책'이라는 표지판을 따라 들른 곳은 네댓 평의 황토집과 컨테이너가 자리했다. 황토방 넓은 창문으로 내려다보니 건너편의 소나무 숲과 꽃뱀처럼 구부러진 길에 옹기종기 붙어있는 천수답이 정겹다. 그 환한 전망 사이로 반갑게 맞아주는 나무가 있었으니, 바로 미루나무였다. 나란히 서서 서로를 껴안고 환하게 출렁이는 은빛 이파리가 폭포처럼 흐른다. 그것은 유년의 미루나무였다.

아름다운 풍경화를 보는 것보다 직접 풍경 속으로 들어가 즐기는 게 낫다는 말, 지금 딱 적격이다. 미루나무가 넋을 빼앗아갔다. 아련하다. 고삐 풀린 망아지마냥 껑충껑충 마음의 징검다리를 건넜다. 앞산을 흔들며 솟아오르는 해님이 미루나무 이파리에 햇살로 앉고, 해 저물녘이면 까치집을 보듬어 주던 나뭇가지에 고무신 닮은 하얀 조각달이 걸려 있었다.

파란 하늘에 도도하게 자리했던 그 나무가 내 마음을 쥐락펴락하는 사이, 주인장이 넌지시 말을 건넨다.

"나도 저 미루나무가 가장 마음에 듭니다. 바람이 불면 미루나무가 웅성웅성합니다. 그 소리가 들립니다."

산으로 둘러싸인 조그마한 집, 창문 밖은 온통 초록으로 단장되었으나 그 미루나무의 늠름한 자태에 빠져 다른 곳에 시선을 나누기 싫었다.

무위자연, 항상 갈구하던 환경이 그곳에 있었다. 주인장은 청아했다. 왜소한 체격에 목소리도 점잖았다. 펼쳐 놓은 서적을 뒤적이니 마음을 닦는 내용이다. 하늘의 뜻을 따르는 자는 평안하다더니, 주인장은 스스로 밭갈기를 즐기고 자신의 초려를 사랑했다.

"혼자 산속에 있으면 '겁'나지 않느냐?"는 동행인의 말에 "'겁'을 본 적이 있느냐?"고 반문하더라는, 그분의 인상이 뇌리에 박힌다. 우리가 흔히 말하는 '겁怯'을, 불교에서 말하는 '천지가 개벽한 때부터 다음 개벽할 때까지의 동안'이란 '겁劫'으로 해석하듯 미소를 짓는다. 제멋대로 자란 깻잎으로 쌈을 싸고, 몇 알 건네는 아오리 사과에 주인장 마음이 담겨있다. 사람은 자연 속에 함께 있을 때 제대로 익은 사람인지 아닌지 알 수 있다. 눈빛과 행동거지가 그 사람을 말해준다.

산딸나무, 화살나무, 배롱나무, 모감주나무가 늘어선, 둔덕 없는 밭과 산의 경계에 개똥참외 몇 개가 노랗게 익어간다. 오랜만에 보는 빨간 아주까리와 댑싸리 나무가 정겹다. 예쁜 추억일수록 가슴이 설렌다. 늘 멈칫거리며 갈구하던, 자연에 대한 동경, 그것은 유년의 기억을 건져 올리는 두레박 같은 마음이었다. 코끝 간질이는 유년의 체취를 맡으며 마냥 마음을 풀어 놓았다.

나는 언제쯤 자연인이 될 수 있을까. 한 겹 한 겹 욕심을 벗다 보면 어느 날, 미루나무 아래 서 있으리라. 땅거미 내리는 산방에 산바람 몇 줄기 탁발 중이다.

□ 2013. 8.

타임아웃

"쿠당탕." 그 넘이 영 마음에 들지 않는다.

시골에서 호박을 가져왔다. 애호박도 아니고 늙은 호박도 아닌 중간치를 어머님이 차에 올려 주었다. 시골에 왔으니 먹을거리 하나라도 챙겨주고 싶어 하는 어머님의 마음을 읽는다.

애호박이면 채 썰어 참기름에 볶아 국수 고명을 하든지, 반달썰기 하여 소금에 살짝 절여 파랗게 볶아 비빔밥을 해 먹어도 좋겠지. 늙은 호박이라면 푹 삶아 범벅을 하든지 채칼로 긁어 전을 부쳐 먹어도 좋으리라. 아, 근데 이넘은 이것도 저것도 아니다. 도마에 올려놓는 순간부터 막막하다.

칼을 대고 반을 가르려니 엉덩이를 뒤틀며 반항한다. 칼이 미끄러져 손을 다칠 뻔했다. 비뚤비뚤 줄을 그어보았자 수박을 따라잡을 순 없다. 문신이 촌스럽다. 껍질 역시 억세고 육질도 질기다. 억지로 갈라 놓으니 옹알옹알 씨앗을 품었다. 종족 번식을 향한 소망을 꺾어서 시위를 하는지도 모르겠다. 엉거주춤 그 넘이 선문답을 한다. '타임아웃'이라며 왕왕거린다.

호박은 예부터 활용도가 높았다. 전시에는 대용식으로, 현대에 와서는 영양가를 호평 받는다. 씨앗도 심심풀이 간식이 된다. 뒷구멍으로 호박씨를 깔 일은 아니다. 해바라기 씨앗보다 까먹기도 쉽고 설령 발에 밟혀도 갑옷으로 무장한 속살이기에 안전하다. 자라는 환경도 까다롭지 않다. 토실하고 부드러운 밭고랑을 원하지도 않는다. 담장 밑이나 밭둑, 도랑가나 산비탈에 던져 놓아도 스스로 영역을 넓힌다. 이파리도 밥상에 오른다. 여린 순은 손으로 비벼 된장찌개에 넣고, 이파리는 밥솥에 쪄서 강된장에 쌈을 싸서 먹으면 일품이다.

장마 지나고 햇살 따가우면 악착을 부리는 넝쿨이다. 장마에 꼭지가 썩어 채 영글지 못했던 설움을 삼키듯 줄기마다 열매를 단다. 찬거리로 다 사용하지 못한 호박은 채반 가득

썰어서 말린다. 볕 잘 드는 장독대도 예외는 아니다. 장독 뚜껑마다 동그랗게 썰어서 널어놓은 애호박은 고들고들 말라간다. 추운 계절에 잘 말린 호박고지는 묵은 나물과 함께 반찬이 된다. 물에 불려서 들기름에 볶기도 하고 돼지고기와 함께 요리해도 별미다.

가을걷이가 끝나면 다른 곡식들과 함께 잘 익은 호박이 광을 채운다. 매끄럽고 분이 짙은 호박은 할머니 손에 낙점되었다. 호박을 손질하여 오가리를 만들었다. 처마 밑에 장대를 가로로 걸어 둥글게 돌려썰기 한 노란 사슬을 주렁주렁 말렸다. 크고 탐스러운 몇 덩이는 약으로 쓴다며 따로 보관하고 나머지는 짐승의 먹이로 분류했다.

연애하던 남자 집안에 인사 드리러 갔다. 늦가을의 햇살은 뜀뛰기를 잘해 금세 어둑살이 깔렸다. 영천 골짜기에 도착하니 바람에 버무린 밤공기가 알싸하다. 낯선 집엔 저녁식사를 하고 있었다. 손을 잡고 간 남자는 저녁 메뉴에 미소를 가득 품었다. 나는 도저히 입맛이 당기지 않았다. 무심히 바라보다 억지로 한 수저 입에 넣으니 목에 딱 걸린다. 뱉지도 삼키지도 못해 한동안 우물거리다 밖으로 뛰쳐나왔다.

친정집은 사랑채에 외양간이, 담장 옆 감나무 아래에는 닭

장이 있었다. 대문 밖에는 돼지우리가 있어서 짐승 보살피는 것도 일거리였다. 덤벙덤벙 썬 호박은 쇠죽으로 들어갔고 자잘하게 썬 호박은 등겨 가루와 싸라기에 섞여 돼지죽으로 사용되었다. 닭 모이가 부족할 때는 모이통으로도 들어갔다. 그런데 시댁에서 밥상을 받는 순간, 나는 왜 짐승들이 먹는 죽을 연상했을까. 대단히 미안하게도 비위가 상하기 시작했다. 시댁 식구들이 맛있게 먹던 그 음식이 호박범벅이었던 것이다.

할아버지는 삼 시 세 끼를 밥으로만 드셨다. 여름날 가끔 밀가루 반죽을 하여 칼국수를 해 먹을 때도 사랑채에는 따로 진짓상을 보았다. 어른들의 식성에 맞추다 보니 당연히 죽은 먹어보지 못했다. 팥물이 흠씬 배어든 호박범벅을 마주한 것은 시댁에서 처음이었다.

남편은 호박범벅을 좋아한다. 늙은 호박 몇 덩이가 현관 앞에 뭉그적거리면 호박범벅을 먹고 싶다는 제스처를 한다. 푹 삶은 호박은 단맛도 아니고 맹맹하다. 그렇다고 색감이 샛노란 것도 아니다. 요즘 선호하는 것은 단호박인데 확연히 색감에서 차이가 난다. 삶은 호박에 단맛을 첨가하고 팥이나 울콩은 삶아서 물에 헹군다. 콩물이 들어가 탁한 것은 옛날을 회상시키기에, 찹쌀가루를 뿌리고 난 후 마지막 단계에

콩을 넣어 색감의 혼선을 막는다. 몸에 이롭다고 하니 조금씩 먹기는 하지만 죽이라는 그 자체가 탐탁지 않다.

♧ 타임아웃.

꽃을 피운다고 다 호박이 되더냐. 꿈을 꾼다고 해서 둥실한 호박이 되는 건 아니다. 욕심으로야 바람의 발목인들 못 잡고 구름인들 타지 못하랴. 비바람, 뙤약볕 아래 담금질 하여 둥글게, 그리고 노랗게 익어야 뽀얀 분을 내는 알찬 호박이 되는 것이다. 때를 맞춰 서리 내리기 전에 완숙해야만 단맛을 내는 것이다.

너를 본다. 그리고 나를 본다.

나는 어디쯤에 와 있을까. 나의 경우는 애호박도 아니고 잘 여문 늙은 호박도 아니다. 온몸에 넝쿨을 칭칭 감고서 이도저도 아닌, 껍질이 억세고 육질도 질긴 중간치에 서있다. 딱 그만큼의 인생 귀로에서 동당걸음이다.

□ 2012. 9.

변신

내 몸에는 향기가 있어. 향이 짙다고 기피하기도 하지. 그래도 대다수는 꼭 필요하다는 쪽으로 손을 들어주네. 옷을 벗으면 속살이 하얘. 통통할수록 더 좋아한다니까. 꼭꼭 숨어 있어도 알아.

변신하고 싶었어. 내게도 성형바람이 분 걸까. 뱃살을 줄인다거나 보톡스를 맞는다거나 콧대를 높이는 것이 아닌, '몸'의 색깔을 바꾸고 싶었어. 소문에 듣자하니 하얀 속살을 흑색으로 바꿀 수 있다고 하네. 그렇게 하면 인기도 좋아지고 몸값이 뛴다고 하더군. 네트워크를 따라다니며 구석구석 헤매었지. 먼저 옷의 먼지를 잘 털어내고 자잘하게 달린 털을 제거했지. 그리곤 따끈한 찜질방으로 들어갔어. 중요한 것은 인내심이야. 찜질방에서 보름을 견디어야 한다더군. 문을 잠그고 빛을 차단하리고 하네. 주의사항 두 장을 출입문 앞에 붙였지. '절대 문 열지 마시오'

아따, 역동적이데. 이틀째부터 몸에서 냄새가 나는데, 향기가 아닌, 역한 냄새가 진동하는 거야. 머리가 어질어질하더군. 입구를 완전차단을 시켰는데도 어느 틈새로 새어나오는지, 비위 약한 사람은 견디기 힘들겠더라구. 뛰쳐나가고 싶었어. 밀폐된 찜질방에 오래 있으니 갑갑하고 엉덩이도 거슬려 따끔거리는 거야. 애면글면해 보아도 속에서 천불이 나니, 염불을 외고 또 욀 수밖에. 일주일 정도 지나니 발산하던 체취가 사그라지더군.

보름이 지나자 찜질방 문이 열었어. 어떻게 변했을까, 궁금해서 얼른 살펴보았지. 겉모습은 별반 다르지 않더군. 입은 옷은 그대로인 거야. 조심조심 옷을 벗었어. "오 마이 갓!" 몸의 색깔이 완전히 변해버렸어. 흑색으로. 탱탱하고 하얗던 속살이 젤리마냥 쫄깃하고 숙성의 과정을 거쳐서 그런지 몸에서 단내가 흐르는 거야. 이젠 그늘에서 몸을 말려주면 된다고 하네.

내 이름은 이제부터 '흑마늘'이야. 진한 알리신 향 사라지고, 조금 과장하면 만병통치 건강식품으로 각광받는 귀한 몸이 되었어.

세상사도 그런 거 같아. 살다 보면 편안함 속에 나태해지는, 하루하루가 무덤덤한 생활의 연속이지. 그럴 때는 변화를 도모해야지 않을까. 지금까지와는 다른 그 무엇을 위해. 마음먹었다고 해서 다 변화하는 것도 아니지. 자신만의 세계에서 빠져나오는 게 결코 쉬운 일은 아닐 테니까.

생마늘은 변화를 거부하지 않았어. 보름간의 인내심으로 잘 숙성되었지. 역경과 시련 속에서 단련되고 건조되어 가치 있는 무언가가 되었어. 중요한 것은 '나에게' 무슨 일이 일어나는가가 아니라 '내 안에서' 무슨 일이 일어나는가에 있다지.

□ 2013. 10.

농사 일지

♧ 황토 빛깔 보석

황토색 보석이다. 저수지를 돌고 소나무 숲을 지나자 산중턱에 원석이 자리한다. 처음 내 수중으로 올 때는 보잘것없는 몇 뙈기의 밭이었다. 비탈진 곳에 비스듬히 누워 온몸이 쑤신다며 신음소리를 내었다. 비닐과 쓰레기를 뒤집어쓰고 구석구석에서 설움을 삼켰다. 남편은 중장비를 동원해 흙을 고르고, 나는 먹을거리를 챙기느라 바쁘게 손길을 놀렸다.

재테크나 복부인과는 실상 거리가 멀었다. 부동산중개소 소장님도 넌지시 말을 던졌다. 글 쓰는 사람들은 경제에 개념이 없다고. 동감한다. 남편이 벌어다 주는 돈으로 알뜰하게 살림을 꾸리는 게 내 자리의 역할이었다. 내 이름으로 등록된 유일한 재산은 소형 중고차 한 대, 그것도 큰아이가 몰고 다닌다. 그런데 처음으로 장만한 땅을 '마눌' 소유로 등기를 해주는 게 아닌가. 사니 못 사니, 지지고 볶고 하던 날들의 흐린 감정이 한순간에 걷히었다.

아무리 마음이 우선이라고 우겨도, 결국 물질 앞에 무너지는 게 여자의 마음인가 보다. 어처구니없게도 다이아몬드에 사랑을 버린 '그 여자'를 이해할 수 있는 아량이 생겼다. 또한 억, 소리 나는 박스를 받을까 말까 고민하는 사람들의 심정이 어떠할지, 물질의 유혹에서 결코 자유롭지 못한 그네들의 심정을 십분 이해할 것 같았다.

참으로 어여쁜 남편이다. 이리 보고 저리 보아도 멋지다. 땅 뙈기 사 준 남편을 업고 다녀도 무겁지 않을 것 같다. 시댁일에 열심이고, 가정을 잘 꾸려왔기에 주는 선물이라고 한다. 도면 어떻고 개면 어떤가, 윷 모가 아니어도 좋다. '내 것'이라는 것이 중요할 뿐이다. 하늘을 찌르는 기분을 어찌 말로 다 표현할 수 있으랴. 타인의 관점에서 보면 비싼 땅은 아닐 것이다. 그렇다고 좋은 땅도, 위치가 썩 좋은 곳도 아니다. 땅을 보지도 않은 채 계약금을 지불했다. 다음 날 땅을 본 순간, 한숨이 푹 쏟아졌다. 누더기마냥 덕지덕지 기워 붙인 땅,

시세보다 싸다고 해서 덥석 물었더니 정작 맛이 없었다. 뱉어낼까, 말까 많은 고민을 했다. 그러나 소개해 주신 분을 믿었기에 막대금도 당겨서 치르고 밭 만들기에 돌입했다.

닦아 놓은 길을 선호하는 사람은 길의 편안함을 모른다. 길을 닦으면서 가는 사람은 길의 소중함을 알고 길가의 풀 한 포기에도 정을 쏟을 것이다. 우리 부부는 후자를 선택한 것이다. 어떻게 하루 이틀에 밭이 만들어지고 옥토가 될 수 있겠는가. 많은 땀방울을 보태야 하리라.

산허리를 감싸며 구릉에 자리한 밭, 나의 보물이다. 원석을 세공하는 기분이다.

□ 2012. 3.

♧ 농부의 아내

자갈밭이다. 중장비로 다듬어 놓긴 하였으나 자갈뿐 아니라 돌덩이까지 듬성듬성 박힌 모양새를 보니 가슴이 답답하다. 밭 둘레에 호두나무를 심고 아랫녘에는 감나무를 심었다. 돌밭에 농사를 짓기도 어렵거니와 나무를 꽂아 놓아야 손이 바쁘지 않을 것 같다.

산야에 푸릇푸릇 싹이 돋는다. 아랫집 밭에는 냉이도 자라고 풀도 제법이다. 남들은 밭에 씨앗을 뿌리느라 바쁜데 우리 밭에는 풀 한 포기 보이지 않는다. 과연 씨앗이 발아할 수 있을까, 고개를 갸웃거리지만 그래도 밭이 아닌가. 여기저기서 씨앗을 구했다. 남편은 쇠스랑과 삽으로 골을 짓고 나는 호미로 흙을 모아 씨앗을 심었다. 돌부리를 이기지 못해 삽자루가 부러지고 쇠스랑의 쇠붙이도 떨어져 나갔다.

아침 일찍 밭에 가면 솔향기가 짙다. 온 산이 진달래 빛깔로 북적이더니 이제는 오동꽃의 보랏빛 숨결이 그득하다. 이렇게 큰 꽃밭을 가져본 적 있었던가. 밭둑 아래에 지인이 나눠 준 뚱딴지를 심고, 시골에서 잘라 왔다는 두릅나무도 꽂았다. 베란다에서 키우던 향나무와 배롱나무, 오죽도 밭둑으로 옮겨왔다. 시댁 뜰에 있는 접시꽃과 머위도 몇 포기 뽑아와 어둠 속에서 심었다. 밭둑 너머 야산에 취나물이 보이기에 그 역시 가족으로 맞아들였다.

밭에만 매달리지도 못하는 형편이다. 짬을 내어 한 번씩 들르는 날엔 남편은 잠시 쉴 여유가 없다. 다행히 실개천 옆에 상수리나무 이파리가 수북하게 쌓여 기름진 흙을 품었다. 퇴비 대신 낙엽을 긁어모아 밭고랑에 뿌렸다. 밭에 갈 때마다 골라낸 돌은 수북하게 둑을 만든다. 땀에 흠뻑 젖은 남편을 바라보는 심정이 편하지만은 않다. 몸이 아프다는 핑계로 돗자리 깔고 산그늘에 앉아 먹을거리만 챙기는 입장에서 가시방석이 따로 없다. 그래도 그림자라도 얼렁거리니 심심치는 않을 것이라며 수다를 붙인다.

씨앗은 눈을 뜨지 않았지만 보드라운 퇴비를 뿌리고 모종을 했다. 경산 장에 가서 고추, 토마토, 가지, 케일, 오이, 호박 등을 몇 포기씩 사서 총총하게 심었다. 영천 장에 가서 고구마 순을 사고 수박, 참외 모종도 샀다. 수박이 열릴는지 의문이지만, 수확을 한다고 해도 아까워서 먹을 수 있을까. 집에서 남편과 흐린 감정이다가도 밭에만 오면 맑음이다. 순간순간이 행복에 당첨된 기분이다.

커피를 타서 아랫밭 주인과 이야기를 나눈다. 고구마 심으면 산돼지가 먹을 것이고 야채 심으면 고라니가 배를 채울 것이란다. 평생 농사를 지으신 어른 입장에서 보면 우리가 하는 일이 마뜩치 않은 눈치다. 우리는 농사가 직업이 아니다. 손바닥만 한 밭뙈기에 돈으로 연결될 작물을 심는 것도 아니다. 설마 산짐승이 내려와 다 먹기야 하려고, 서로가 나눠 먹어야지. 아직까지 여유를 부리는 모습에 어르신은 혀를 찬다.

애가 탄다. 비라도 흠뻑 내렸으면 좋으련만. 도랑물을 퍼서 모종에 뿌린다. 남편은 어깻죽지가 빠져나가는 것 같다고 하소연한다. 그래도 또 밭으로 향하는 것은 나풀거리는 이파리를 보기 위함이다. 시들하던 모종이 뿌리를 내렸는지 고개를 치켜든다. 며칠 전에 심었던 콩도 싹을 틔웠다. 꿈쩍도 하지 않던 씨앗들이 옴지락거린다. 뭣인지도 모르고 무작정 뿌렸었는데 파와 우엉인가 보다. 올망졸망 살림을 차린 모습이 어여쁘다.

나는 농부의 딸이다. 그러나 밭일을 해 보지 않았다. 막내여서 특혜를 누리기도 했겠으나 어머니는 자식들이 밭일 거드는 것을 탐탁찮게 여기셨다. 농사꾼을 만들지 않겠다는 마음이셨나 보다. 내게 호미에 대한 추억은 친구들과 나물 캐러 다닌 것과 찬거리 만들려고 집 앞 밭에서 감자 몇 알 캐본 기억이 전부다. 꿈꾸듯 어린 시절을 회상한다. 막걸리와 안주를 챙겨 밭으로 가면 아버지는 산딸기를 따서 주었다. 그늘에 앉아 유년을 펌퍼질하다 병아리마냥 꾸벅꾸벅 졸음과 씨름한다. 발자국 소리를 죽이고 다가와 물을 마시는 남편 모습이 아버지를 닮았다.

나뭇가지가 자지러질 듯 흔들린다. 퇴비로 뿌려둔 낙엽은 우르르 날아가고 그 모습에 발을 동동 구른다. 후드득 빗방울 뜯는다. “우와 비님 오신다, 어쨌거나 많이 좀 내려라.” 흙을 만지는 사람은 스스로 하늘바라기가 된다. 느긋하게 비를 맞으며 그제야 간식을 먹는 남편이다. 냉동실에서 꺼내 온 홍시가 알맞게 녹았다.

난봉꾼처럼 소란스럽던 바람이 멎었다. 다시 햇살이 비치자 남편은 일구던 밭고랑을 마저 손봐야겠단다. 자갈밭 뚜껑을 열어젖히는 남편 손이 물집 투성이다. 남편을 돕지 못하는 나, 어설픈 농부의 철없는 아내다.

□ 2012. 5.

초승밥

초승밥 | 노인을 커닝하다 | 동거 | 허방 짚다 | 이름 | 벽 | 실종신고 | 아직도 두렵다 | 거울 속 어머니 | 대안가정에서 만난 그녀

끝내는 혼자만이 감당할 맨 마음, 맨몸인 것이다. 세월의 목덜미를 무덤덤하게 바라볼 수 있는 '마음 비움'은 언제쯤이려나. 나는 아직도 배우며 산다. 어머니의 철학을 단물처럼 마시고 지인의 인정에 가슴을 적신다.

초승밥

고층 아파트에 걸려 있는 달, 시월 초승달이 희다. 만취하지 않은, 빈속에 마시는 한 모금 알콜에 알싸한 느낌을 주는. 나무껍질 같이 단단하게 감쌌던 마음을 한 겹 한 겹 벗겨낸다.

할아버지의 갓은 초승달을 닮았다. 발돋움하여 보아도, 앉아서 올려다보아도 갓 테두리가 날렵하고 매끈했다. 할아버지 외출 시에는 어머니가 의관을 도왔다. 두루마기까지 입고 난 후, 탕건 위에 갓을 쓰셨다. 사랑방 천장 모서리에 매달아 놓은 갓집은 숭고하기까지 했다. 방으로 들어서면서 보면 삼각뿔이고, 방 안에 들어서서 올려다보면 원형인 갓집, 할아버지 갓챙은 크고 넓었다.

조부님은 큰아들 잃은 슬픔에 고향을 잠시 떠났다 오마고 남쪽으로 발길을 잡았다. 북에서 내려오실 때 챙긴 할아버지 보물 1호는 '족보'였다. 손주가 태어날 때마다 먹물을 찍어 족보에 이름을 넣었다. '뿌리'에 대한 애착이 강했고 사대부 집안을 강조했다. 6·25전쟁은 함흥의 푸른 바다 넘실거리는 고향으로의 귀환에 종지부를 찍었다. 할아버지 마음은 시리고 시린 초승달이었다.

상차림은 늘 세 개였다. 사랑채로 가는 진짓상, 아버지와 오빠들이 먹는 밥상과 엄마와 딸들이 먹는 상. 할아버지 진짓상에는 쌀밥과 생선이 있었다. 사랑채 아궁에서 숯불에 구운 생선 한 마리, 석쇠 생선구이는 아버지 담당이었다. 중간 토막은 할아버지 할머니 진지상으로, 생선 대가리는 아버지 몫이었다. 할아버지가 상을 물리면 밥그릇에 쌀밥이 남았고, 생선도 남겨져 있었다.

초등학교 2학년 가을, 할아버지는 운명하셨다. 김장거리 절이던 어머니는 뒷간에 간 할아버지가 오랜 시간을 지체하는지라 헛기침하고 들여다보았다. 쓰러진 할아버지를 언니랑 부축해서 사랑채로 모셨지만 이미 숨을 거두고 계셨다. 갑자기 북적이기 시작했다. 김장배추는 전으로 변했고 집안은 음식 냄새로 가득 찼다. 서울에서 내려온 사촌동생과 며칠 동안 소꿉놀이를 하며 놀았다.

사랑채엔 궤연이 차려졌다. 아버지는 꼬박 삼 년 동안 아침마다 할아버지 산소를 찾았다. 어머니 역시 상식을 올렸다. 가끔은 내가 할아버지 궤연에 상을 올리기도 했다. 한지로 도배한 방과 방문 앞에 새끼를 꼬아 만든 출입구를 보면 발걸음이 조신해졌다.

'초승밥'에 대한 기록을 보았다. 예전에 어른은 식사를 하고 밥을 남겼다. 먹을거리가 부족할 시에 윗사람이 아랫사람을 위한 배려였다고 한다. 밥을 남기면 아녀자는 밥을 꾹꾹 눌러 담아야 했다. 어른의 건강을 염려하는 살뜰한 정이 밥그릇에 오고갔다. 밥을 남긴 모양을 들여다보면 초승달 모양이었다고 한다. 그 초승밥은 한 집안의 가장이 가족을 위하는 마음일 수도, 주인이 일꾼에게 쌀밥을 먹이고 싶은 배려일 수도 있다.

불현듯 할아버지가 떠올랐다. 할아버지는 늘 서책을 가까이 두셨다. 혼자서도 장기를 두셨다. 안채 마루에 누워 있으면 할아버지의 한시 읊는 소리가 들렸다. 할머니는 오로지 할아버지 봉양에 열의를 다하였다. 싸리나무 다래끼를 만들어 오일장에 내다 팔고, 할아버지 간식과 손주 간식을 챙겼다. 열 식구 대가족은 늘 입이 심심했을 것이다. 산촌에는 쌀보다는 잡곡이 더 많았을 터. 여름에는 헛간과 대청마루 아래에 감자가 가득했고, 겨울에는 사랑방, 안방 윗목에 수수깡으로 엮어서 만든 우리에 고구마가 가득했다. 그 많던 먹을거리도 해가 바뀌면 동이 났다. 막내인 나는 집안 살림에 대해 잘 몰랐지만, 작은언니는 감자를 으깨어 섞은 보리밥을 질리도록 먹었단다. 지금도 감자라면 고개를 흔든다. 그런 살림을 뻔히 알고 있는 할아버지는 당신의 밥을 남긴 것이었다.

할아버지에 대한 추억은 초승달처럼 맑다. 멋지고 날렵한 말총으로 만든 흑립, 은은하게 들려오던 한시의 운율, 그 뿐만이 아니다. 가장 귀히 피어나는 것이 있으니, 그립고도 그리운 허기 속에 뜬 초승달이다. 진짓상 물릴 때 할아버지 밥그릇에 뜬 초승달, 그것은 초승밥이었다.

□ 2013. 11.

노인을 커닝하다

인간은 불생불멸을 원했다. 영화 '아일랜드'에서 자신이 클론(clone)임을 알자 링컨과 조던은 탈출을 감행한다. 어린 날에 읽은, 프랑켄슈타인이 만든 인조인간도 아직까지 생생하다. 진나라의 시황제는 영생을 위해 불로초를 찾아 헤맸으나 결국 오십에 눈을 감고 말았다. 천명을 어찌 할 것인가. 하늘의 뜻에 따르는 자는 편안하고 거스르는 자는 수고롭다 하지 않던가.

때때로 재래시장을 찾는다. 시장을 건너는 육교 계단에 늙수그레한 모습으로 앉아있는 할아버지가 있다. 그 할아버지는 뚫어지게 내 눈길 위에 자신의 눈길을 접목시킨다. 기어이 천 원 한 장을 주어야만 시선을 거둔다. 버스 안에서도 잡다한 물건을 파는 사람과 눈길을 피해 보지만 어쩔 수 없이 또 지갑을 연다. 심심찮게 떠돌아다니는 소문에 의하면 앵벌이가 있다고 한다. 버스나 지하철에서 구걸하는 것도 사업이라나. 하루 장사를 마친 장애인 사업가가 중형승용차를 타고 사라지더라는 말도 들린다. 어느 날, 늘 지나는 재래시장의 그 불쌍한 할아버지가 반듯하고 당당하게 식당에서 나오는 것을 보았다, 이쑤시개로 치아를 다독이면서.

복지관 급식 봉사 중이었다. 독거어르신과 결식학생 도시락을 준비하는데 할머니 한 분이 감독하듯 자리를 지키고 앉아 시시콜콜 문답을 한다. 처음에는 커피를 타서 드리고 조리하다가 음식을 먼저 맛보여 드리기도 했다.

"닭고기는 질기니 쇠고기 국을 끓여주소. 저래기가 매우니 순한 고춧가루를 쓰소."

어느 순간 지나치다 싶은 생각이 들었다. 두 시간 만에 준비해야 할 도시락 숫자가 백여 개가 넘는다. 시간을 지체하면 배달봉사자와 타이밍이 맞지 않고, 점심 도시락을 먹을 분들이 무작정 기다려야 한다. 어르신들은 점심이 조금 늦어도 이해해주겠지만 학생들은 오후수업에 지장을 초래하면 안 될 소중한 시간다툼인 것이다. 팀원들은 바쁜데 일일이 대응하기 편찮다며 팀의 책임자로서 한 마디 하라고 쿡쿡 찔렀다.

"할머니, 저희도 메뉴판에 나오는 재료로만 음식을 만드니까 잡숫고 싶은 거 있으면 사무실 담당자에게 직접 말씀하십시오."

분명 나의 말투는 냉소적이었을 것이다. 할머니를 통제할 권한이 주어진 것도 아닌데 말이다. 많은 후회를 했다. 어쩌면 그 할머니는 외로움을 달래려고 대화를 원했을 수도 있었을 것이다. 왜 부드럽게 말씀드리지 못했을까.

지인 사무실에 들렀다. 웬 할머니가 문을 열고 삐죽이 고개를 들이민다. 이웃에 사는 어른이 놀러왔는가 보다고 생각했다.

"할매 왔능교?"

할머니는 문에 기대어 선뜻 들어오지 못하고 주춤거렸다. 지인은 천 원짜리 몇 장에 라면과 과자를 챙겨서 손에 쥐여주었다. 얼굴까지 쓰다듬어 준다.

"에고 얼굴이 다 얼었네. 목도리로 잘 싸고 다니소."

"새댁이 복 받으소. 부자 되소."

고개를 연신 조아리며 할머니는 문을 닫았다. 작은 돈이나마 누군가에서 나눠줄 수 있어서 마음이 편안하다는 지인이다. 두 사람의 대화를 지켜보고 나니 생마늘을 씹은 듯 알싸하다.

어머니는 아직도 자식들이 주는 용돈에 손사래를 친다. 돈을 받으면 손자들한테 되돌려준다. 몸에 부치는 일은 자제해도 앉아서 하는 일은 여전히 품앗이를 하는 팔순의 노인이다.

"세상에 공으로 의지할 곳은 없더라. 나는 너그 아버지도 의지하지 않았고 여태껏 자식들을 의지하지도 않았다. 오로지 믿고 의지할 곳은 자신뿐이다. 스스로 행동하고 결정해서 밀고 나가야지, 누구한테 의지하려는 마음은 버려라."

병이 들면 마을 뒷산 어귀에 있는 요양원에 보내달라고 하신다. 자식들 애먹이지 않겠단다. 정신 줄 놓기 전에 미리 말씀하신다는 어머니를 보면 숙연해진다.

장수시대가 도래했다. 복제인간의 배아 줄기세포가 아니어도, 기계로 결합한 인조인간이 아니어도, 자신의 건강을 잘 돌보고 살피면 백수는 거뜬하다고 한다. 그러나 건강만으로 채울 수 없는 빈 방이 있으니 바로 구멍 뚫린 경제력이다.

주위에는 팔순이 넘은 연세에도 글쓰기에 여념 없으신 어르신도 계시고, 평생 분식집하여 모은 돈을 장학금으로 기부했다는 할머니 얘기도 들린다. 재래시장 계단에 석고처럼 앉아 눈맞춤 하는 할아버지나 지인 사무실에 찾아와 손 벌리며 어색해하던 할머니도 저간의 사정은 있을 것이다. 또한 복지관 조리실에 찾아와 자리 보존하던 할머니, 시골에 홀로 계신 어머니는 이 시대의 외로움을 숙명처럼 안고 가는 어른들이다.

나도 머잖은 날에 노인 명찰을 달 것이다. 노후 대책은 준비되어 가고 있는 것인지, 어떤 부류를 모토로 삼아야 할는지. 마음은 훤한데 말을 듣지 않는 몸뚱이를 껴안고 녹슨 기계처럼 헐떡이고 있을 수도 있겠다. 끝내는 혼자만이 감당할 맨 마음, 맨몸인 것이다. 아무리 똑똑타고 해도 목숨을 셀 수 없고, 지혜를 셀 수도 없다. 세월의 목덜미를 무덤덤하게 바라볼 수 있는 '마음 비움'은 언제쯤이려나.

나는 아직도 배우며 산다. 어머니의 철학을 단물처럼 마시고 지인의 인정에 가슴을 적신다. 그 발자국과 목소리를 기억하며 동행할 것이다.

추위에도 의연한 늙은 겨울나무, 오랜 세월을 보듬은 그 타임캡슐을 커닝한다.

□ 2013. 2.

동거

이것도 선물일까. 꼬물꼬물한 것이 만지기도 애처롭다. 눈은 아직도 뿌연 막이 벗겨지지 않은, 어리디어린 아기 고양이다.

지인 댁 천장에 물이 새어 보수공사를 하였단다. 천장에서 살림을 하던 어미고양이가 인기척에 놀라 새끼를 옮겼는데 미처 한 마리를 놓쳤나 보다. 그 새끼는 눈도 뜨지 못한 채 천장에서 방바닥으로 떨어졌다. 어미가 찾아오지 않을까 싶어 옥상에 올려두었지만 끝내 아기고양이는 미아가 되고 말았다.

잠깐 동정심에 끌렸나 보다. 떠돌이별을 품어 줄 만한 너른 가슴을 가진 것도 아니면서 덜컥 말을 뱉었다. 어린 애완용 짐승을 키운다는 것은 사람 손 한 몫을 단단히 보태야 하는 일이다. 뱉은 말을 후회했지만 시기를 놓쳐버렸다. 지인은 벌써 고양이를 싣고 집 앞에 당도해 있었다. 너무 어려서 만지기도 어렵거니와 뒷다리가 부러졌는지 몰골 또한 말이 아니었다. '저걸 어쩌나, 돌려보내면 죽을 수도 있는데……,' 배까지 곯은 안쓰러운 울음소리를 듣자니 막막했다.

이미 우리 집으로 온 생명이다. 먹지 않으면 죽을 것이다. 우유를 미지근하게 데워 손가락으로 찍어서 먹였다. 저런, 배가 몹시도 고팠던지 손가락을 핥는다. 기특하고 감사하다. 나는 생명 붙어 있는 것을 내칠 만큼 잔인한 용기가 없나 보다. 모질지 못한 마음을 책망했지만 이미 식구로 받아들이겠다는 다짐을 하고 있었다.

칠 년 전이었다. 작은아이가 친구 집에서 강아지를 데려왔다. 눈빛은 맑은데 앙상한 뼈만 남아 건드리기만 해도 풀썩 주저앉을 것 같았다. 눈만 마주쳐도 몸을 부들부들 사시나무 떨 듯 하는 하얀 강아지였다. 먹을 것은 잽싸게 핥아 먹고는 구석에 처박혀 사람을 피했다. 부랑자 같은 강아지에게 도저히 정이 들 것 같지 않았다. 주택도 아니고, 아파트에서 애완견으로 키울 자신이 없으니 원 주인에게로 돌려보내기로 했다. 토요일이 되어야 가져다줄 수 있으니 사흘만 데리고 있어 달라는 딸아이의 부탁을 거절할 수가 없었다.

사흘도 인연이리라. 목욕시키고 먹여가며 쓰다듬어 주었다. 어린것의 주인이 벌써 몇 차례 바뀌었다고 하니 분명 이유가 있을 것이다. 예전 주인한테 학대를 받아서 사람을 겁내는 것인지, 저렇게 정을 안 붙이니 사람들이 강아지 키울 자신이 없었던 것이지. 약속한 사흘이 지났다. 전 주인에게 강아지를 돌려보내겠다고 했더니 그 집에서도 키울 자신이 없다며 시큰둥하더란다. 이 일을 어쩐다, 어린 생명을 버릴 수가 없었다. 남편의 말이 가관이다.

"눈빛이 청순가련해서 너를 선택했다."

우리는 그렇게 식구를 맞았다.

졸지에 우리 집은 동물원이 되었다. 눈앞에 까만 것이 꼼지락거리니 하얀 개가 부산스럽다. 어찌할 줄 모르며 낑낑거리고 과민반응을 보인다. 식구들의 긴급회의가 소집되었다. 고양이한테만 관심을 가지면 개가 질투할 수도, 소외감을 느낄 수도 있으니 사랑을 똑같이 분배하자, 또 우유도 동시에 나눠주자고. 또한 개가 고양이를 해코지 할 수도 있으니 유심히 관찰하다가 한식구라는 걸 주지시키자는 데 입을 모았다.

며칠이 지났다. 고양이는 주사기로 먹이는 우유를 맛있게 받아먹었다. 질질 끌던 다리도 제자리를 찾았고 한쪽 눈의 눈곱 낀 병도 나았다. 부옇던 눈의 막이 걷히고 초롱초롱한 까만 눈빛을 교환했다. 그런데 이상한 일이 벌어졌다. 문제는 개였다. 출산 경험이 없는 생 속의 노처녀가 어미 노릇을 자청한 것이다. 고양이가 개 젖을 물고 있는 것이 아닌가. 나오지 않는 젖은 피멍이 들어 있었다. 이젠 고양이가 아니라 개가 안쓰러울 지경이다. 젖에다 밴드를 붙이고 붕대를 감아 주었다.

이 무슨 아이러니, 개는 스스로 가슴을 풀어헤쳐 다시 고양이에게 젖을 물렸다. 젖을 짜보니 아주 소량의 액체가 나오고 있었다. 개는 고양이의 배변 처리까지 맡았다. 도저히 그냥 두고 볼 수 없어서 개와 고양이를 분리시키려 하자 그 순한 개가 으르렁거리며 달려들었다. 칠 년을 한결같은 마음으로 보살펴준 작은아이한테만 복종할 뿐 다른 식구들은 근접하는 것조차 허락하지 않았다. 단 고양이 우유 먹일 때만은 얌전히 기다려 주었다.

희한한 동거다. 두 마리는 각자 애처롭게 태어나 우리 집으로 왔다. 그 동병상련은 서로가 서로를 품어주며 따뜻한 교감을 나누었다. 구겨진 마음에 귀감이 되는 참으로 기특한 모습이다. 어미 잃은 고양이를 기꺼이 거둬주는 대리모를 바라보니 가슴에 싸리꽃이 핀다. 뜻 없이 태어난 별은 없으리라. 그들은 우리 가족에게 선물인 것이다.

□ 2012. 5.

허방 짚다

지인과 칼국수 집에 들렀다. 어둠살이 고양이처럼 다가온 탓도 있었지만 "남편이 저녁 먹고 집에 온다네요." 하는 지인의 말을 귓등으로 흘리기도 머쓱했다. 한참 국물을 떠먹고 있는데 지인이 눈을 껌벅인다. 구석진 자리를 향해 턱으로 방향제시를 한다. 어르신 혼자 수육을 시켜놓고 드신다. 괜한 선입견인가. 젓가락질하는 손에 힘이 없어 보이는 게 측은지심이 든다.

남이 들으면 별걱정을 다 한다고 하겠지. 하지만 시골에 계신 어머니 모습이 머릿속에 붉은 낙관으로 찍힌다. 어머니 혼자 식당의 구석진 자리에 앉아 식사를 주문하였다면 맛있게 드실까. 어머니 성격에 굶으면 굶었지 남세스런 행동은 안 한다고 펄쩍 뛰시겠지만 앞으로의 일을 장담할 수는 없지 않은가. 입맛이 달아나는 걸 억지로 꾸역꾸역 밀어넣었다. 맵싸한 풋고추를 더 달라고 해서 된장에 꾹꾹 찍어서 먹고 싶었으나 애꿎은 김치그릇만 젓가락으로 뒤적였다.

지인은 얼마 전의 일이라며 목소리에 비늘을 세운다. 저녁 모임에 다녀오니 남편이 허탈하게 '저녁밥'에 대한 담화를 풀어 놓더란다. 아이들이 고기가 먹고 싶다 하여 고등학교 다니는 딸애와 중학교 다니는 아들을 데리고 식당에 갔더란다. 많이 먹으라며 아이들을 챙기고 있으니 서빙 하는 아주머니가 물끄러미 바라보고 있었다. 조심스레 다가온 아주머니는 찬거리도 살뜰히 날라다 주고, 들며나며 고기를 구워주면서 아이들을 토닥였다. 그녀의 희미한 웃음을 시침 뚝 떼며 문지르고 앉아 있으려니 괜히, 홀아비가 어미 없는 자식들을 데리고 나온 것 같아 가시방석이었다.

"예쁜 아주머니가 고기 구워 주었으면 맛있었겠네요." 같이 못 간 미안함에 그 상황을 모면하려고 한 마디 던졌지만 남편은 대꾸가 없었단다.

그러고 보니 그런 상황이 나에게도 전개된 적이 있었다. 고향 친구들이 잔치를 열어주겠다는 것을 마다했다. 거창하게 출판기념식을 하는 지인들도 있었지만 나의 잔치는 '다음'으로 미루었다. 수필교실에 참여하는 지인과 후배들에게 오전에 출간 된 따끈한 책을 당일 오후에 나누어 주었다. 나의 첫 수필집 나눔, 스스로 생각해도 소박한 자리였다. 그러나 한껏 축하를 받았다. 그런데 한참 뒤에 얄궂은 소리를 들었다. 후배 한 분이 "노 선생의 출판기념식장에 두 딸만 온 것을 보니 남편이 없는가 보지요." 하더란다. 그 소리를 들은 지인은 간단하게 책을 나누는 자리여서 남편을 부르지 않았다고 해명해 주었단다. 어이가 없어 허탈웃음을 지었으나 왠지 가슴팍이 찌릿했다. 나는 아무렇지도 않게 생각했는데 남들은 그렇게 생각할 수도 있는 거구나. 내 의도대로가 아니라 타인이 보는 관점에서 판단하고 말을 옮긴 경우이니 영락없이 개난초가 되었을 수밖에.

세상은 변했다. 물론 독거 어르신과 결손 가정의 살림이 여의치 않은 경우가 많지만, 그렇다고 전부가 그런 것은 아니다. 요즘은 주위에 흔하게 보이는 가족이고 이웃인 것이다. 꼭히 동정의 눈길을 보낼 만큼 안타까워하지 않아도 되리라. 무심코 던지는 말이나 동정의 태도로 낯선 이방인 취급을 해서는 안 될 것이다. 그러면 홀로 식사하시는 어르신을 보고 마음 아려한 것은 무엇일까. 변명인지도 모르겠다.

하기 좋은 말로 친정어머니에 대한 그리움이지, 결코 동정은 아니었다.

우리 주위에는 넘겨짚기의 말과 의심의 눈길이 도처에 웅크리고 있다. 욕설을 해야만 폭언이고 주먹을 휘둘러야만 폭행은 아닌 것이다. 겉으로 드러난 모습을 애매하게 판단하는 것이 바로 폭언이 되고 폭행이 될 수도 있는 것이다. 심연으로 바라보는 맑은 혜안이 절실하다. 지금도 누군가는 허방에 빠져 아파하고 있을 테니.

□ 2012. 10.

이름

그녀는 낮달 같은 여자였다. 여울처럼 흐르는 미소, 성격이 모나지 않으며 그렇다고 대범하지도 않았다. 자그마한 체구와 눈 아래, 촉촉한 느낌의 아이섀도는 그녀를 더 애수에 젖게 했다. 강단에 선 모습이 왜소하다. 목소리도 작다. 왠지 보호해 주고 싶은 마음이 앞선다. 두레박으로 달을 건져 올리듯, 조심스레 그녀를 훔쳐보았다.

그녀는 자신의 이름을 자랑스러워했다. 이름의 뜻을 자근자근 풀어 놓았다.

"이름이 예쁘지요?"

스스로가 '비'라면서 귀엽게 웃었다. 자신의 이름을 당당하게 생각하는 사람을 보면 부럽다.

너무 흔한 이름 중의 하나인 '정희', 소속된 문학단체에 같은 이름을 찾아보니 여섯 명이나 된다. 그나마 성이 흔하지 않아서 다행이다. 그런데 철학하는 지인이 툭 말을 던진다. 성이 '노'라서 부정적으로 들린단다. 아니, 이름을 바꿀 수는 있어도 성을 바꿀 수는 없지 않은가. 또 어느 분은 정희(正熙)라는 이름이 너무 크다고, 이름만큼 활동을 왕성하게 하지 않으니 몸이 아프다고 한다.

할아버지는 북에서 가져 온 족보를 소중히 다루었다. 손주들 이름을 지어 활자화가 끝난, 그 다음 빈 공간에 줄을 맞춰 기록해 두었다. 그런데 호적에 올리는 순간 계집희(姬) 자가 빛날희(熙)로 바뀌어 버렸다. 집에서 부르는 애칭은 늘 '꼬마'였고, 이름에 대해 불편하게 생각한 적은 없었다. 새삼스레 중년에 와서 한 번씩 거론되는 이름에 이런저런 토를 다는 지인들을 대하니 '정말 내 이름이 그런가?', 무시하려 해도 뾰루지처럼 가슴 언저리에 맴돌았다.

아호를 받았다. 양명학을 공부하는 지인이 지었다. 아원我圓, 받고 보니 닉네임과 같다. 이래저래 동그라미가 아닌가. 글공부하는 사람이니 '아我'자를 맑을 아雅나 새싹 아芽로 바꾸는 게 어떠냐는 스승님의 조언도 있었으나 아호를 준 이의 뜻을 따르기로 했다. 이름과 아호가 뭐 그리 대수냐고 하겠지만, 기왕이면 '좋다'는 말을 듣고 싶은 것이 사람의 마음인가 보다.

아호를 받아서 특별히 나아진 것은 없다. 사주팔자나 관상, 이름보다 더 중요한 것이 심상이라고 한다. 얼굴 좋은 것보다 몸 좋은 것이 낫고, 몸 좋은 것보다 마음 좋은 게 낫다는. 그도 저도 아니라면, 내 정해진 운명의 길을 겸허히 받아들일 수밖에 별도리가 없으리라.

그녀는 비였다. 겨울 날 흩뿌리는 서늘한 비는 아니요, 가을날 낙엽 위에 후드득 듣는 찬비도 아니다. 여름날 콩 튀듯 쏟아 붓는 소나기도 아니며 지루하게 퍼붓는 장마도 아니다. 그녀는 아름한 봄비였다. 마른 땅에 톡톡 떨어지는 봄비, 흙이 마시는 그 단비. 씨앗의 눈을 뜨게 하는 부드러운 빗물이었다. 무어라 딱히 표현할 수 없는, 빗방울이 마른 흙에 부딪힐 때 코끝으로 전해오는 냄새. 맵지도 않고 그렇다고 달콤하지도 않는, 연기 냄새도 아니지만 살짝 퍽퍽하면서도 아련하게 스쳐가는, 아마도 그것이 비의 향기지 싶다.

서울에서 이른 아침에 출발했다며 입 꼬리를 살짝 올린다.

눈초리도 올린다. 그녀의 전공은 미술이다. 미술을 응용한 심리치료 수업을 하러 지방까지 내려온 것이다.

"저는 말을 유창하게 못 하지만 제가 가진 것을 나눠주고 싶어요."

그래, 저 정도의 마음이라면 그녀의 작은 목소리도 이해해 줄 수 있다. 서울 사람은 새침하다는데, 저 여인은 너무 작아서 안쓰럽다. 강단에 서기보다 누군가의 보호를 받으며 공주처럼 지내는 편이 훨씬 어울림직한 여자다. 그러나 그녀는 공부를 택했다. 끊임없이 배우며 젊은 학생들을 제치고 여기저기에서 수석을 거머쥐었다.

크다고 강할까, 단단하다고 여물까. 연약한 빗물이어도 견고한 시멘트 벽돌을 파고 들 수 있다. 천천히, 부드럽게. 사람의 마음을 연다는 것은 힘이 아니라 마음인 것이다. 봄비를 닮은 여자, 비의 향기를 지닌 여자. 그 여자 이름은 '향우'였다.

길 건너 아파트에 선배 문인이 살고 있다. 편안하게 대화를 나누다가도 마음가짐을 바로 하게 하는 분이다. 격려도 주지만 실수에는 따끔하게 일침을 가한다.

"노 선생은 노련하고 경륜 있어 보입니다. 이름 앞에 성이

'노' 씨라 더 멋있습니다."

아, 그 말을 듣는 순간, 가슴에 꽃문양이 마구 찍혔다. 물꼬가 트인 듯, 트고 갈라진 마음이 금세 아물어 갔다. 말 한마디의 위력은 이처럼 대단한 것이다.

누군가 나를 보고 있으리라. 내가 누군가를 보고 평가했듯이. 사람의 됨됨이는 결코 이름을 보고 풀이하는 것은 아닐 것이다. 작은 행동이나 마음씀씀이를 보고 판단할 확률이 높다. 영화 속에서 관상쟁이는 말했다. 바다의 물이랑을 보면서 세상을 읽고 있다고. 내가 바라본 기준에서 그 세상은 사람이며 파도는 관상이 아니었을까. 파도의 높낮이는 변한다. 물결은 높았다가 다시 부서질 수 있고 낮은 물결이 다시 높아질 수도 있다. 한 줄의 대사가 파도처럼 밀려온다. '파도의 높낮이를 결정하는 것은 바람이니 그 바람을 읽을 줄 알아야 한다.'

□ 2013. 8.

벽

'자식에게 부모는 하나의 벽이다. 벽의 보호를 받으며 성장한 자식은 성인이 되어서도 습관처럼 벽을 의식한다.' 어느 정신과 의사가 책속에 담아 놓은 말이 내내 머릿속을 기어 다닌다. 요즘 테라피스트(therapist)공부를 하지 않았던가. 큰아이를 불렀다. 자신의 장단점 다섯 가지씩 적어 테스트해 보기로 했다.

먼저 나부터 테스트 지를 펼쳤다. 책 읽는 것을 좋아한다. 요리하는 것을 좋아한다. 여럿이 어울리면 앞장서서 일하고 봉사도 어느 정도 습관화 되어 있다. 화초와 애완동물도 좋아한다. 그러나 약속시간에 늦는다거나 게으름, 지저분한 환경을 보면 화가 난다. 수시로 TV를 켜는 사람을 은근히 무시하고, 내 기준에 '아니다' 싶은 일은 돌아보지 않는다.

큰아이 것을 살폈다. 내가 생각했던 것과 일치하는 것도 있으나 '뜨끔'한 부분이 보인다.

"엄마는 장점도 많지만 '청소해라, 공부해라' 하는 잔소리가 심합니다."

일방적인 엄마의 태도가 싫었단다. 집안의 모든 일이, 하다못해 책이나 집기, 입는 옷까지 '엄마'의 기호에 맞추고 행동도 '엄마'에게 맞춰야 했다니. 이제는 자신의 공간만이라도 마음대로 펼쳐놓고 싶단다.

우리는 얼마나 옥신각신 언쟁을 벌였던가. 따지고 보면 사소한 일이었다. 그 중 가장 빈번한 다툼이 '청소'였다. 아무리 방을 정리정돈해 놓고 다니라고 해도 '내 마음'에 맞게 깔끔하지 않았다. 제 방 하나도 정리하지 못하냐고 고함을 지르고, 방을 훌러덩 뒤집어 청소를 해 주고 나면 또 줄줄이 늘어놓고. 애완동물까지 기르니 방 안에 털이 날리고 분변 냄새까지 겹친다. 머리가 어질어질하다.

내가 보는 관점에서는 깨끗하게 정리해야 머리가 맑고 하는 일도 쉽게 풀리지 않겠느냐는 것이다. 그러나 아이의 입장은 달랐다. 청소하느라 시간을 빼앗길 수 없으니 며칠에 한 번씩만 하겠단다. 엄마가 방을 한 번씩 치우고 나면 제 물건이 어디에 있는지 찾을 수 없어서 더 혼란스럽다나.

하기야 '깨끗하다'라는 기준을 어디에 딱 맞출 수는 없다. 깨끗해야 일이 잘 된다는 것도 내 생각일 뿐이다. 내 마음에 맞게 '맞춤식'으로 교육을 시키고자 했던 게 되레 부작용을 준 것인지도 모른다. 나의 사랑방법은 나름대로 최선이었지만 자식에게는 족쇄가 되었던 것이다. 진즉 이런 테스트를 해 보았더라면 서로의 마음을 읽고 배려해 주었을 텐데…….

자식에게 미움 받지 않는 부모는 거의 없다고 한다. 가장 가깝기에 '사랑한다'는 명목을 붙여 간섭과 제재를 한다. 남의 자식은 이해하면서 내 자식의 작은 실수는 용납하지 못한다. 어차피 서로가 말문을 열었으니 하고 싶은 얘기를 털어놓자고 했다.

"상장을 받아 오면 '최우수상'이 아니라고 꾸짖고, 또래와 성적 비교 하는 모습이 정말 힘들었습니다."

나는 잊고 있었다. 아니 그런 말을 했는지조차 가물거린다. 말을 뱉고는 잊어 버렸을 것이다. 아이는 엄마의 말에 상처를 받고 내내 앓고 있었다. 칭찬을 먼저 해 줘야 옳았거늘, 내 방식대로 아이를 길들이려 했던 것이다.

우리에게는 이렇게 단단하고 높은 '벽'이 있었다. 자식을 보호하고자 했으나 그 벽은 자식의 앞길을 막는 걸림돌이 되어 아이를 넘어뜨리고 주저앉게 만들었다. 혼자 일어서려고 안간 힘을 쓰지 않았을까. 얼마나 엄마를 이기고 싶었을까.

'좋은 엄마'가 되고 싶었는데, 테스트 결과를 보니 '내 합리화'만 우선했던 게 부끄럽다. 하지만 이제라도 아이의 속마음을 조금이나마 알게 되었다는 게 다행스럽다. 한 인간으로서의 성숙은 어머니에게서 벗어나는 과정에 있다고 한다. 부모는 자식이 가장 먼저 뛰어넘어야 할 외적 대상인 것이다. 벽을 뛰어넘는 자식이 얼마나 될까, 벽을 허물어 주어야만 새로운 세상을 만나지 않겠는가.

이젠 아이의 손을 놓아 주어야겠다. 스스로 벽을 마주할 수 있도록, 스스로 판단하고 결정할 수 있도록 뒤로 물러서 있으리라. 벽이 너무 단단해서 부수는 데 시간이 지체된다면 사다리라도 놓아 주어야겠다. 나는 지금, 아이한테서 멀어지는 연습을 하고 있다.

□ 2013. 7.

실종신고

개가 소란스럽게 짖는다. 아파트 소음 문제로 주의를 주기 때문에 웬만해서는 짖지 않는데 무슨 일일까. 방문을 열고 거실로 나오니 누군가 현관문을 세차게 두드린다. 아니 발로 차고 있었다.

"누구세요?"

"경찰입니다!"

무슨 일일까, 갑자기 심장이 펄떡거린다.

"실종신고 접수 받았습니다. 노정희 씨를 찾고 있습니다."

몇 해 전이다. 친구는 속상한 일이 있다며 푸념을 늘어놓았다. 남편이 술을 좋아하다 보니 곧잘 저지레를 하는 편이다. 음주운전이라든지, 술 마시고 집에 오다 퍽치기를 당한다든지. 매일 그러면 어찌 살겠냐마는 술 마시는 것만 빼면 세상에 그런 호인이 없다. 원수가 있다면 술이지 결코 남편은 아닌 것이다. 그러다 보니 술 마시고 오는 날은 토닥거리다 언성을 높이는 경우가 곧잘 있는가 보다.

그날도 부부가 언성을 높이고 있는데 대문 밖에서 술렁이는 소리가 부부싸움보다 더 시끄럽더란다. 무슨 일인가 싶어서 나가 보았더니 경찰차가 쌍라이트를 켜 놓고 차 지붕에는 나이트클럽의 반짝이 불을 떼어다 달았는지 조명이 빙글빙글 돌아가고 있었다. 옆집, 아랫집 등 이웃 주민들이 벌떼처럼 모여들어 일제히 자기네 부부를 바라보고 있었다. 그러고 보니 자기네 집 대문 앞에서 벌어지고 있는 상황이었다.

"무슨 일입니까?"

"고성방가와 소음을 단속해 달라는 신고가 들어왔습니다."

부부는 경찰차에 실려 갔다. 그런데 아무리 생각하고 생각해도 분한 마음을 누를 수가 없었다. 이웃사촌들이 어찌 신고까지 한단 말인가. 속상하면 부부싸움 할 수도 있는 것 아닌가. 집기를 부셔가며 요란하게 싸운 것도 아닌데 도대체 누가 신고를 했단 말인가. 몇 며칠을 머리띠 둘러매고 끙끙거렸다. 인심 사나운 동네라고 혀를 찼다. 제사 지내면 음식

나누고, 오며가며 인사를 나누던 사람들이 괴물로 치부됐다. 너무, 너무 속을 끓이며 아파하던 어느 날, 큰아들이 불쑥 한 마디 던지더란다.

"신고는 제가 했습니다."

아연실색이었다. 동네사람 싸잡아 의심하는 것이 싫어서 실토하는 것이라고 하더란다. 부부싸움 하는 것을 신고라도 해서 막아 볼 요량으로 벌인 일이라고 하는데, 어떻게 자식이 부모를 신고할 수 있느냐고 거품을 물었다.

"오죽하면 그랬겠니. 아들이 부모 걱정해서 싸우는 버릇 고치려고 그랬는가 본데 기특타."

경찰은 나를 무서운 눈으로 훑어보고, 째려보고 있었다.

"보아하니 아직 실성한 분도 아니고, 거동이 불편한 환자도 아닌데 왜 전화는 받지 않습니까?"

나는 죄송하다고 몇 번이나 머리를 조아렸다.

"앞으로는 이런 일로 신고하지 말아 주십시오."

타지에서 직장 생활 하는 작은아이가 오랜만에 집에 들렀다. 하루 쉬고 돌아가는 길에 '도착하자마자 전화해 달라'고 부탁을 했다. 그런데 감감무소식이다. 몇 차례 전화를 걸어도 받질 않는다. 걱정을 하면서 볼일을 보러 갔는데, 진동으로 돌려놓은 전화기가 나름 많은 요동을 쳤나 보다. 작은아이는 수차례 걸려온 전화에 '엄마한테 무슨 일이 생겼나?' 싶어 전화를 걸어도 받질 않으니 신고를 했다고 한다.

"이건 아니잖아. 다른 식구들한테 전화를 걸어 봤어야지. 하루 동안도 아니고 잠시 연락 안 된다고 실종신고를 하다니……."

언니도 전화를 받지 않더란다. 제 딴에는 여러 차례 전화를 걸어도 받지 않으니 걱정이 되었다고 한다.

예전에 손전화기가 없을 땐 이렇게 마음이 초조하고 각박하지는 않았다. 편리한 문명이 되레 사람을 힘들게 한다. 수시로 아이들에게 전화연락 되지 않는다고 꾸짖었는데 나도 별수 없구나. 도시에서 방심하면 비만고양이가 되는 줄만 알았지, 방심해서 실종신고 들어올 줄은 꿈에도 몰랐다. 나는 숨지 않았지만 어둠이 아닌 햇살 아래서도 본의 아니게 실종이 될 수도 있는 거구나.

마침 후배가 저녁을 먹자고 한다. 세상에 이런 일도 있다고, 벌써부터 실종신고를 받는 신세가 되었다고 푸념을 하자 후배는 부럽다는 눈빛으로 말을 건넨다.

"저는요, 집을 나가도 우리 식구들은 실종신고 안 해 줄 겁니다. 아무도."

□ 2013. 12.

아직도 두렵다

'세상에서 제일 무서운 게 무어냐'고 묻는다면, 주저 없이 말한다. '뱀'과 '주사'라고. 나는 육 남매의 막내이다. 든든한 오빠가 셋이었다. 그야말로 산촌마을에서 두려울 게 없는 천방지축이었다. 눈에 거슬리는 친구는 오빠한테 일렀고 친구들은 그 즉시 징계를 당했다. 오빠의 친구들까지 모두 '오빠'였기에, 놀이나 생활에서도 친구들보다 오빠들이 편했다.

큰오빠는 서울에서 고등학교를 다녔다. 방학이 되어야 집에 오기에 손꼽아 기다렸다. 오빠는 할머니가 큰손주 주려고 챙겨놓은 주전부리를 아낌없이 나눠주었다. 여름방학이 되자 오빠는 악기를 가져왔다. 세고비아기타를 멋지게 손가락으로 튕겼다. 겨울방학에는 스케이트를 가져왔다. 송판 바닥에 칼날을 박아 막대로 지치는 '시게또'만 보았는데, 칼날이 달린 신발을 신고 쌩쌩 달리는 모습은 그야말로 이변이었다.

작은오빠는, 오빠이자 친구였다. 또래들과 어울리기보다 오빠를 졸졸 따라다녔다. 공차기를 할 때도, 자치기를 할 때도, 산에 관솔을 베러 갈 때도 기를 쓰며 함께했다. 동그라봉에 올라가 망우리를 돌렸다. 철삿줄에 매달린 깡통이 쇅쇅 소리를 내며 커다란 불꽃 동그라미를 그렸다. 무엇이든 척척 만들고 도와주는 만물박사, 뱀도 잘 잡는 오빠는 그야말로 수호자였다.

육 남매에게도 맡겨진 일이 있었다. 내게는 하루에 한 번씩 방청소를 해야 하는 의무가 주어졌다. 하루라도 거르는 날에는 언니한테 꾸지람을 들었다. 밖에서 놀다가 해거름이 되면 득달같이 집으로 뛰어와 방을 닦았다. 안방, 오빠 방, 언니 방, 마루는 왜 그리 넓은지 조막손으로 짜이지 않는 걸레를 들고 설레발을 쳤다.

물론 오빠들한테도 배당된 일이 있었다. 소꼴을 한 다래끼 베어야 했다. 그런데 중간오빠가 해가 지도록 노는 데 정신이 팔려 맡은 일을 놓친 것이다. 급기야 어둑살이 내려왔고 혼자 나서기가 무서웠던지 막내인 나에게 '따라만 와 달라'고

부탁했다. 오빠 뒤에 바싹 붙어서 풀 베는 소리에 귀를 세우고 있는데 "뱀이다!" 외마디 비명이 들렸다. 낫에 뱀이 걸렸단다. 오빠도 나도 오금을 뗄 수 없었다. 어찌할 줄 모르는 오빠한테 멀리 던져버리라고 주문했다. 부들부들 떨리는 오빠의 목소리가 들렸다. "알았다." 어둠속에서 부산한 몸놀림을 느끼는 순간, 나는 철퍼덕 쓰러지고 말았다.

산촌마을의 환금작물은 담배였다. 어른들은 이른 봄부터 담배모종 이식에 바빴다. 월남하여 조부모님이 터 잡은 부근에 합류한 당숙도 담배농사를 지었다. 부모님은 일손을 나누어 줘야 했다. 학교를 마치고 산속 외딴 밭으로 찾아갔다. 비탈진 화전에서 일을 하던 어머니는 "꼬마야, 저 밭 위쪽에 가면 홑잎이 나왔을 거다. 한 움큼 따오너라." 무료하던 차에 신나게 밭을 타고 올라갔다. 봄을 알리는 전령사가 바로 홑잎이 아니겠는가. 무언가에 집착하면 옆도 뒤도 안 돌아보는 성격 탓에 화살나무 새순을 부지런히 훑었다. 손을 열심히 놀리다 멈칫했다. 홑잎 순을 따던 가지 아래 시선이 꽂혔다. "으악!"

맨살에 바늘을 꽂는다는 건 끔찍한 일이다. 예방주사 맞는 날은 몸이 지독하게 아파 결석했으면 좋겠다. 친구들도 줄을 서서 기다리는데 혼자 꽁무니를 뺄 수도 없고 부들부들 떨다가 주사를 맞는다.

그런데 하루는 희한한 얘기가 들린다. '불주사'를 맞는다고 한다. 주사기를 불에 달궈서 살을 찌른다며 여기저기서 쑥덕거렸다. 그뿐만이 아니다. 피를 한 대롱이나 뽑는단다. 드라큘라가 생각났다. 공포 분위기가 조성되었다. 한 줄로 길게 서서 차례를 기다리고 있었다. 아니 다를까, 하얀 가운을 입은 선생님이 알콜 병에서 올라오는 불길에 주사기를 '굽고' 있었다. 미리부터 겁을 잔뜩 먹은 상태인데 불꽃을 보자 이글이글 지옥불이 생각났다. 주사기만으로도 따가운데 불에 굽기까지 한 주사기는 그 위력이 대단할 것 같았다. 그뿐만이 아니었다. 팔뚝이나 엉덩이에 주사를 놓는 게 아니고 귀를 뚫었다. 내 차례가 되었다. 갑자기 소란스러워졌다.

'두려움은 늑대를 실제보다 크게 만든다'는 독일 속담이 있다.

중간오빠가 낫에 걸린 뱀을 던졌다. 기역자로 구부러진 낫은 '멀리'가 아닌, 뒤에서 벌벌 떨고 있는 동생의 목에다 뱀을 걸쳐 놓았다.

산골짝 화전에서 일하던 어머니는 막내딸을 잃는 줄 알았단다. 예전에 소도 굴러서 죽었을 정도로 까풀막진 산 위에서 갑자기 훨훨 날아서 내려오는 딸을 보고 기겁을 했다. 산 능선 전체를 일궈 만든 비탈 밭을 네댓 번 땅에 발을 닿는 둥 마는 둥 하면서 궁구르다가 처박혔다. 앞니가 빠지고 온몸에 타박상을 입었다. 일하던 사람들이 도대체 무얼 보고 놀랐는지 현장으로 뛰어 올라갔다. 아 글쎄, 너불매기(화사) 새끼가 햇볕을 쪼이고 있더란다.

"싫어요!" 발버둥을 치면서 울었다. 선생님들이 나를 붙잡았다. 필사적으로 귀를 막았다. 귀가 구멍 나는 건 참을 수 없었다. 어찌나 소란을 피웠는지 구경꾼이 몰려들었다. 순간, 선생님들이 나를 놓아 주었다. '아, 다행이다. 나의 귀는 안전하다.' 그런데 친구가 얘기를 건네준다. "네 새끼손가락에서 피를 빼더라." 나의 혈액형 검사는 유별나게 치러진 것이다. B형이라 그런가?

우리가 두려워해야 할 유일한 것은 두려움 자체라고 한다. 두려움은 실체가 없는 허깨비라고 하지만, 나는 아직도 뱀과 주사가 두렵다.

□ 2013. 4.

거울 속 어머니

거울 앞에 앉았다. 로션을 덜어 얼굴에 바르는 순간 흠칫 놀랐다. 거울 속에 어머니가 계셨다. "어머니……." 정신이 아득했다. 종일 뙤약볕 아래 호미질 하느라 흙먼지 풀풀 날리시던, 거친 손으로 아린 배 문질러 주시던 어머니다. 다시 거울을 살폈다. 조금은 낯설고 조금은 익숙하다. 거울 속에는 까맣게 그을린 어머니 대신, 부옇게 살 오른 얼굴이 있다. 분명 그때의 어머니 모습을 닮은 또 한 여자가 거울 속에서 겸연쩍게 바라본다.

안방 시렁 위 조그만 바구니는 어머니의 가난한 화장대였다. 앉은뱅이거울과 구루무 한 통이 전부였다. 다소곳이 앉아 가르마를 타던 어머니였다. 자그마한 체구에 수수한 옷차림으로 단추 하나 떨어지지 않았고, 뜯어진 솔기를 보이지 않는 옷매무새를 지녔다.

독거어르신 도시락 준비하던 날, 봉사팀의 맏형님 얼굴이 편치 않았다. 형님은 가끔씩 친정집 얘기를 풀어놓으며 힘들어했다. 집집마다 고부갈등은 다반사 아니던가. 친정어머니와 올케 사이의 감정당기기를 보아도 못 본 척, 들어도 못 들은 척, 의연해지려고 마음공부를 하는 중이라고 했다. 그런데 친정에서 갑작스런 호출이 왔다. 만사 제쳐두고 부랴부랴 달려갔더니 어머니께서 울분을 토하시더란다.

해결책 없는 고부갈등이기에 형님은 속상해했다. 젊은 것이 어른 모실 줄 모른다고 역정 내는 어머니와, 나이 드신 분이 이해심이 부족하다는 올케의 푸념을 묵묵부답으로 일관했단다. 사람은 누구나 자신의 입장에서 판단하게 마련이다. 듣고 있는 팀원도 무어라 딱히 할 말은 없었다. 그러나 젊은이 쪽으로 판세는 기울었다. 나이 드신 분이 아량을 베풀어야지 않겠냐며, 어른 모시고 사는 올케를 두둔하고 있었다.

나이가 들면 생각과 행동이 어린아이가 된다는 말이 전혀 근거 없는 얘기는 아니지 싶단다. 형님은 어머니의 언행이 자꾸만 미워진다며 말끝을 흐린다. 그런데 더 충격적인 일은 모든 사정을 가만히 지켜보던 딸아이가 불쑥 한마디를 던지더란다. “엄마 행동과 말하는 것까지 어쩜 외할머니와 똑같이 닮아 가는지 몰라. 밥 드시는 것까지 외할머니와 닮았어요.” 순간 가슴이 철렁 내려앉았단다.

안방을 독점하는 거울은 내게도 늘 불만이었다. 눈가에 늘어나는 잔주름을 확대시키고 펑퍼짐한 몸매를 그대로 재현시켰다. 동화 속 마술거울이 아닌데도 현실을 비켜가고 싶었다. 언젠가부터 뽀얀 분으로 나이를 감추려고만 했다. 아무리 시침을 떼려 해도 거역할 수 없는 세월이다. 시간이 그리도 어리석을까, 사람 골라가며 젊음 유지하는 상장을 주겠는가.

어머니의 그 오십대 시절에 와서 엉거주춤 넋을 놓았다. 어머니는 무거운 삶을 걸머지고도 의연하셨는데, 빡빡한 시간을 탓하며 마음의 여유조차 누리지 못하는 자신을 본다. 왜 나는 그동안 거울 속에 비친 외모만 보아왔을까. 심연의 목소리를 들을 수 있는 귀를 가지지 못한 것일까.

어머니는 세월과 손잡고 저만치 빠르게 걷고 있다. 젊은 것들의 오만으로 어머니도 사실 마음고생을 하고 계시는지도 모른다. 자식들에게 의탁하지 않겠다며, 몸 추스르지 못하면 동네 뒷산에 있는 요양시설로 가겠다고 단호하게 말씀하신다. 그런 어머니를 보며 올케언니들은 훌륭한 시어머니라고 추켜세운다. 언니들 역시 부처님 전에 손을 모으고 있다. 사시는 날까지 무병무탈하다가 잠결에 가시길 소망한다고.

우리도 언젠가는 연로하고, 외로움에 힘들어 할 수도 있을 것이다. 결코 머지않은 날이다. 그때에 가서 젊은이들의 무관심을 이해하며 받아들일 수 있을까. 봉사한답시고 독거어르신들께 도시락 챙겨 드리는 일은 쉬이 하면서도 부모를 모시는 일은 왜 이렇게 어려워하는 걸까.

30년 후, 다시 거울 속에서 지금의 어머니 모습을 마주하겠지. 나는 과연 겉모습이 아닌, 마음씀씀이로 자식들에게 존경받을 수 있을는지 의문이다. 어머니를 비추는 거울은 나 자신이고 나를 비추는 거울은 또 나의 자식일진데, 그 비춤이 녹슨 청동거울 유물이 아니길 소망한다.

어머니가 조금만, 조금만 더 천천히 걸어가셨으면 좋겠다.

□ 2008. 9.

대안가정에서 만난 그녀

추적추적 겨울비 내린다. '대안가정 사무국'에 도착하여 전화기 속에서 맑은 목소리를 건네주던 주인공을 만났다. 갑자기 웃음이 나왔다.

"목소리만으로는 아가씨인 줄 알았습니다."

"아직 철이 덜 들어서 그래요."

마주해 보면 안다, 목소리만으로도, 눈빛만으로도 그 사람의 농도가 어느 정도인지를. 그녀는 목소리도 예뻤지만 미소가 더욱 예뻤다. 미소 없이 인색한 얼굴, 형식적인 미소를 짓는 얼굴이 흔한 세상이다. 잔잔한 미소를 마주하니 편안해진다. 미소 없이 살아갈 수 있을 만큼 부자인 사람이 있을까,

그 혜택을 누리지 못할 만큼 가난한 사람 또한 없을 것이다.

그녀는 대안가정에서 '큰엄마'로 불린다. 대안가정 두 곳에는 남자 아이 일곱 명, 여자 아이 다섯 명이 살고 있다. 한 가정에 두 분의 이모들이 아이들을 돌보고 있다. 한 가지 철칙이 있다면 체벌을 금지하며, 해결하기 힘든 문제는 함께 의논하여 대안을 마련한다. 부득이한 경우에 큰엄마가 악역을 맡기도 한다고.

그녀는 따뜻한 가정이 될 수 있도록 노력하는 반면, 아이들이 창의성과 자신감을 가지도록 힘을 쏟았다. 2011년부터 시작한 뮤지컬 공연은 성공적이었다. 처음에 공연한 '레미제라블'은 4개월 동안 연습을 했다. 눈에 확 드러나지는 않지만 잠재적인 효과는 대단했다. 함께 무대에 오르는 전문가들과 선생님, 후원자는 들러리로, 오직 아이들을 주인공으로 부각시켰다. 처음에는 초조해하던 아이들이 이제는 설렘과 뿌듯함으로 받아들인단다.

그녀는 아가씨 때부터 보호시설 아이들과 생활했다. 보호시설을 등지고 나왔을 때 아이들에 대한 미안함에 힘들었다고 한다. 그녀는 천성적으로 '아이들'의 엄마가 될 수밖에 없는 계시를 받았는지도 모른다. 아니, 자신이 애써 선택한 길이었다. 아가씨 몸으로 딸아이를 입양했다는 것만으로도 항간의 시선을 끌었을 것이다. 자신의 일을 이해하고 도움을 주는 현재의 남편을 만나 다시 남자아이를 입양했다. 그 부부는 자신들의 아이 외에도 열 명의 아이를 위탁해서 키웠다.

대안가정이란, 부모의 이혼, 가출, 사망 등 여러 가지 이유로 가정을 상실한 아동을 일정기간 보호. 양육해 주는 것을 말한다. 우리 주변에는 연간 1만여 명 내외의 아동이 보호를 필요로 하고 있다. 자녀양육의 1차 책임은 물론 부모에게 있다. 하지만 자신의 의지와 상관없이 친 가정으로부터 분리되어 낯선 사람에게 맡겨지는 아이 역시 정신적 고충은 말할 수 없으리라. 어린 나이에 뜻하지 않은 인생의 문제에 부딪히는 막연함, 어떻게 해야 할지 모르는 상황에서 손 내밀어 주는 대안가정은 '혼자인 것 같으나 결코 혼자가 아닌' 제 2의 가정을 열어 준다. 대안가정의 궁극적 목적은 아동의 건강한 성장과 친 가정 복귀에 있다.

한 가슴에 난 상처를 치료해 주고, 한 인생의 아픔을 달래줄 수 있다면 그 삶은 진정 귀한 것이다. 그런 삶을 사는 사람이 따로 있는 것은 아니다. 고귀한 인품을 지녔거나 부유한 사람이 아닌 보통 사람들이다. 어린 아이를 품는 일은 쉬운 일이다. 그러나 가슴으로 품는 일이 어렵다. 마음만으로는 어려운 '그 무엇'이 있기 때문이다. 아무리 좋은 의도로 시작하고 사랑의 마음이 크다고 하더라도 갈등은 늘 있기 마련이다. 잘 하려고 하지 말고 마음을 내려놓아야 한다.

그녀와 커피 한 잔 마주하고 펼쳐 놓은 수다는 겨울비를 잠 재웠다. 맑디맑은 물처럼 고요하지만 대안가정 사무국을 열기까지 급류인들 없었을까, 탁류인들 없었을까. 지금은 무거우면 가라앉히고 가벼우면 띄우지만 그녀의 잔잔함 속에는 강인함이 묻어있다. 좋은 사람을 만난다는 것은 보약 몇 재를 먹은 것보다 효과가 크다. 소소한 행복감이 출렁인다.

□ 2013. 11.

5
꽃들의 전쟁

나의 살던 고향은 | 꽃들의 전쟁 | 귀신사 남근석 |
현대판 도덕성 | 그를 보내다 | 발정난 고양이 |
정체를 보다 | 열다

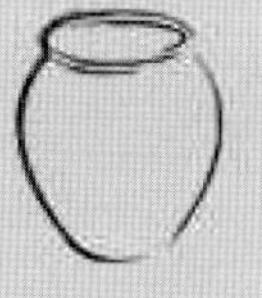

지금 나는 진행 중이다. '내가 좋아서' 하는 일에 발을 들여놓고 싶다.
분명한 것은 사람과 사람 사이에 '진정성'을 가져야 한다. 내가 삶의 주인공이 되어 살지 않으면 훗날 남의 집 마당이나 빗자루질 하는 머슴이 될 터. 조심스레 마음을 연다.

나의 살던 고향은

♧ 고디 잡으러, 외갓집 갈 때도…… 비포장도로 위 추억이 달려온다.

아버지의 고향은 함경남도 함흥이다. 출렁이는 동해를 바라보며 어린 시절을 보내셨다. 한국전쟁이 발발하기 전, 큰 아들을 잃은 슬픔에 조부모님은 삼 남매의 손을 잡고 남쪽으로 내려오셨다. 외가는 근동에서 유명한 '전 진사댁'이었다. "막내는 떼어놓고 가라."는 외조모의 절규를 뒤로하고 마음 추스르면 고향에 오겠다는 약속을 남기셨다고 한다. 그러나 그 약속은 전쟁으로 인해 길이 막혀버렸다.

아버지는 노총각이 되었지만 혼처가 들어오지 않았다. 전쟁을 일으킨 북쪽의 빨갱이 출신에게 딸을 줄 수 없다는 게 민심이었다. 마을 훈장이었던 아버지를 여읜 어머니는 서울에서 언니들과 생활하고 있었다. 잠시 다녀가라는 삼촌의 호출이 떨어졌다. 이를 어쩌나, 살림이 궁색한 삼촌은 좁쌀 두 가마니에 질녀를 시집보내겠다는 약조를 한 것이다. 아버지는 신혼집을 지었다. 동리 지형이 조리를 닮았다는 곳에 아름드리나무를 베고 터를 잡은 것이다. 동짓달 신혼 첫날밤, 아버지는 메밀 가마니에서 어른 머리통만 한 고구마를 꺼내었다. 아버지가 어머니께 드린 사랑의 증표는 아궁이에서 잘 구운 고구마였던 것이다.

그 신혼집에서 육 남매는 태어났고, 조부모님과 아버님이 실향의 그리움에 애를 태우다 눈을 감으셨다. 육 남매가 울고 웃으며 알콩달콩 꿈을 꾸며 자라고 떠나온 고향집, 그 집에는 자식들이 건강한 사회의 일원으로 자리하기를 소망하는 어머님이 계신다. 어머니는 안온한 빛으로 자식들을 바라보아 주고 인도해 주는 등대이시다.

♧ 자전거에 대한 회상

상주시 화남면 평온2리 414번지. 근동에는 우리 집에만 자전거가 있었다. 아주 어릴 적, 기억의 최초 지점에 아버지는 자전거를 타고 다니셨다. 도회지로 이사 나오라는 이모부의 권유가 있었으나 조부모님의 반대로 아버지는 시골에 안주하셔야 했다. 자전거 뒤에 실린 가방에서 뽀빠이 모양의 딸랑이 칫솔을 꺼내 주었을 때, 내 기준에서 보는 아버지는 엄청 훌륭한 부자였다. 아마 부모님이 도회지로 이사했더라면 나의 고향은 상주가 아니었을지도 모른다.

커다란 동그라미 두 개가 비포장도로를 달렸다. 아버지의 튼튼한 다리와 웃음 띤 모습이 좋았다. 오빠들도 자전거를 타고 학교를 다녔다. 반질하게 윤기 나도록 기름칠한 자전거는 오빠의 전용 자가용이었고, 오빠 허리를 꽉 껴안고 달리면 얼굴에 닿는 바람이 신선했다. 그러나 그 자전거가 성난 황소로 돌변했다.

초등학교 2학년 때였다. 외가 다녀오는 길에 비포장도로에다 나를 내동댕이친 것이다. 외할머니가 주전자에 담아 준 고추장장아찌를 뒤집어쓰고 비포장도로에 널브러졌다. 온몸이 고추장과 피로 범벅이 되었다. 기가 막힌 것은 동생이 자전거에서 떨어졌는데도 오빠는 쌩쌩 달려갔던 것이다.

중학교 때, 다른 친구들은 자전거를 타고 다녔지만 나는 끝내 자전거를 거부했다. 장아찌도 먹지 않았다. 하지만 여전히 자전거 뒷자리는 나를 위해 준비되어 있었다. 시험공부하다가 막차를 놓치면 달빛에 여린, 간드러진 허리 휘감기는 코스모스 길을 조희도 선생님이 태워 주셨고, 친구 집에 대표로 문상 가는 길에는 좁다란 농로를 휘청휘청 태워주는 선배 오빠가 있었다.

♧ 충효의 고장 화령

화령化寧, 도로망이 좋지 않은 옛날에는 화령을 지나 백두대간을 넘어야 영남 땅에 도착할 수 있었다. 상주로 가거나 서울이나 청주를 갈 때에도 반드시 이곳을 거쳐야 했으니 그 역사적, 지리적 의미는 컸으리라. 지금은 더 발달된 교통망을 자랑한다.

화령에는 수령 500년의 천연기념물 반송盤松이 정좌하고 있다. 상현리 반송은 일반 소나무와 비슷하지만 밑동에서부터 여러 갈래로 갈라져 전체적으로 우산의 모습을 하고 있어 장관이다. 500년의 역사는 그 옆에 또 자리하고 있다. 왕자의 '태'를 봉안한 산이 있으니 도성에서 먼 거리까지 온 깊은 연유가 있지 않았을까. 태실의 주인공은 연산군의 원자인데, 1930년대 일본인들이 태항아리를 파헤쳐갔다. 지금은 태실(석함)만 세워져 있고 태항아리는 상주박물관에 사진으로만 남아 있어 안타까운 마음을 금할 길 없다. 하여 그 산을 태봉

胎封산이라 부른다.

명당길지인 화령장 인근에는 하송리에 후백제 견훤왕의 사당, 봉촌리에는 화령고성과 성산산성, 금산리에는 봉산서원이 있다. 사산리에는 옥연사와 효성을 불살라 버린 갸륵한 꽃송이, 효자 정재수 기념관이 있어 발길을 멈추게 한다. 신봉리에는 석조보살입상과 비석거리가 지나는 길손을 맞이하고 있다.

화령에 가면 눈에 확 띄는 곳이 있다. 바로 '화령장지구 전적비'이다. 상주 방향에서 들어가는 초입의 화령재(해발 320m)를 넘어서면 봉황산 국도변 북편 언덕에 백전불굴의 전투상인 4m의 칼과 국민총화 단결상인 2.4m의 방패 조각이 웅장하다. 전승비 광장에는 전쟁 당시 사용하던 탱크와 장갑차가 전시되어 있다.

화령은 속리산과 주흘산으로 연결되는 지대로 국도와 국지도 등 두 개 도로의 접합점이 있어 소백산맥 방어의 전략적 요충지였다. 이곳은 6·25전쟁 당시 개전 이래 계속 후퇴만 거듭하다가 유엔군이나 공군의 지원 없이 대승을 거둔 6·25전쟁 3년 중 최초의 승전지였고 최대의 전승지였던 것이다.

화령장 전투에서 적의 주력부대가 섬멸됨으로 인해 낙동

강 방어진지 구축 등에 시간의 여유를 가지게 되고 전세를 만회하는 결정적 계기가 되었다. 낙동강 방어선 전투 중 칠곡의 '다부동 전투' 다음으로 치열했던 곳이 화령장 전투이다. 현재까지도 그때의 국군부대를 '화령대대'라고 부르고 있다. 화령에 가면 역사가 있다. 꿈뜰꿈틀 살아 있다.

♧ 사랑하는 고향

산의 정수리를 찧는 공사가 한창이다. 첩첩산중 깊은 골이 쿵쿵거리는 소음으로 많이 야위었다. 집 앞의 국도는 마을길이 되고 고향집 하늘에는 고가도로가 웅장하게 날개를 폈다. 산그늘 내리면 큼지막한 별꽃이 뚝뚝 떨어지는 곳, 동그라봉 고갯마루에 초승달이 다리 펴고 쉬었다 가던 곳이 이제는 역사의 흔적으로만 남겠구나.

동그라봉에 올라 오빠들과 연을 날리고, 정월대보름날 쥐불놀이 하다가 파출소 순경의 호각소리에 놀라 줄행랑치던 골목. 바짓가랑이 붙잡고 깡통차기와 자치기를 하며 따라다니던 막내가 귀찮기도 했겠지만, 잘 챙겨주었던 오빠들. 냇가에는 고디와 가재도 많았고 피라미도 많았다. 산딸기 넝쿨 아래 징그러운 배암이를 몇 마리씩이나 칡넝쿨에 묶어오던 작은오빠는 나를 지켜주는 수호신이었다.

오빠들의 이름을 등에 걸고 기세등등하던 나를 보며, 가시내가 건방지다며 싸움을 붙이던 재덕이네 형. 재덕이는 내 머리카락을 잡아당기는데 맨들한 빡빡머리 재덕이를 이겨낼 재간이 없었다. 손에 잡히는 것을 더듬으니 재덕이의 귀였다. '울면 진다. 나는 너에게 지지 않는다.' 내 머리카락은 듬성듬성 뽑혔지만 나는 끝내 울지 않았고 귀가 떨어져나간다며 재덕이가 울었다. 고향을 지키고 있는 미더운 재덕이와 막걸리 한 잔 나눠야겠다.

동리에 있던 초등학교는 마음을 아리게 한다. 고모가 다니고, 언니 오빠들과 나도 다녔던 학교이다. 화단에 돌탑 쌓고 꽃모종 심던, 고사리 손때가 묻은 학교를 보면 눈앞이 뿌예진다. 플라타너스 그늘에서 책을 읽고 '고전읽기' 대회에 나가서 시험을 치렀다. 『알프스의 소녀 하이디』와 『안데르센 동화집』, 『이순신 장군』 등, 읽는 것이 좋았고 쓰는 것이 좋았다. 폐교가 돼버린 학교는 시력 잃은 몰골로 덩그마니 마주한다.

때때로 일상에 지친 날은 어린 시절을 돌아본다. 나에게 힘이 되고 마음을 정화시켜 주는, 탁본처럼 선명한 유년이다.

□ 매일신문, 2012. 8.

꽃들의 전쟁

거리마다 꽃사태다. 환한 얼굴로 손 흔들며 허리 굽혀 인사한다. 누가 이렇게 환영해 주며 깍듯이 인사해 주겠는가. 빨강, 노랑, 보라, 분홍, 파랑, 하양 등 휘황한 꽃물결에 눈이 어지럽다. 오로지 여왕벌에 충성하겠다는 일벌들을 어찌 탓하겠는가. 그에 맞서 입에 거품 물고 삿대질하는 꽃들이 측은하다.

스피커 소리가 웅장하다. 주민들이 코미디 후보라고 한다나. 꽃들의 공약은 거의가 비슷하다. 경제를 살리겠다. 행복도시를 만들겠다. 그런데 코미디 후보는 코미디 같지 않은 말을 하고 있었다. "비둘기를 보십시오. 먹이를 찾아 발밑까지 다가옵니다. 모이를 배부르게 먹고는 뒤도 안 돌아보고 가버립니다. 그냥 가면 다행이지요. 머리 위에 똥까지 누고 가는 놈도 있습니다. 나는 비둘기가 되지 않겠습니다."

잘 아는 분이 선거에 나섰다. 빨강꽃을 좋아하는 사람들 틈에서 노랑꽃 피우기가 쉬운 일은 아니었다. 불모지에 발을 들여놓고 저소득 자녀들을 위해 방과 후 학습을 할 수 있는 공부방을 만들어 주겠다며 목이 쉬도록 호소하였다. 시장에서 명함을 전하려 하면 나이 드신 어른들은 차갑게 외면했다. 무거운 발걸음에 다소 힘을 실어준 것은 젊은 층이었다. 경제 후진 도시도 모자라 정치 후진 도시라는 이름이 부끄럽다고 했다. 유권자의 권리를 행사해 주십사 고개를 숙였다. 그러나 보나마나한 정치라며 꽃을 선택하는 권리를 스스로 포기하는 사람도 있었다.

확연히 꽃밭이 구분되었다. 빨강꽃과 노랑꽃은 각자의 꽃밭에서 도도하게 빛을 뿜었다. 꽃밭 관리인은 자신의 꽃 색깔이 예쁘다고 자화자찬이다. 꽃도 색깔마다 뜻이 담겼다. 빨강은 변화와 미래를, 노랑은 진보와 변화, 보라는 평등과 인권, 청색은 신뢰를 나타낸다고.

유권자는 눈이 밝아야 한다. 꽃의 색깔만 보지 말고 꽃의 종류와 향기도 맡아보고 어떤 열매를 맺을지도 살펴보아야 한다. 그러나 예전과 다름없이 동쪽과 서쪽으로 구분지어 단색의 꽃만 배열해 놓은 유권자의 솜씨에 그저 감탄, 그 이상이다. 자신의 올바른 선택이 아니라 '무조건'식의 표 몰이는 반성해야지 않겠는가. 그래도 민주주의 꽃을 피우기 위해 자신의 소중한 권리를 소신껏 행사한 유권자들이 있어 다행이다. 그분들의 밑거름이 있기에 언젠가 단색의 꽃이 아닌 다양한 종류의 꽃을 보게 될 것이다.

서로 밀고 당기던 거리의 꽃싸움이 잠잠해졌다. 꽃밭은 이제 매스컴으로 옮겨갔다. 화려했던 거리의 꽃이 일순간에 지고 있다.

□ 2012. 4.

귀신사 남근석

구하구하龜何龜何 / 수기현야首其現也 / 약불현야若不現也 / 번작이끽야燔灼而喫也

'구지가'는 현전하는 고대시가 중 가장 오래된 집단무요로 알려져 있다. 이 노래는 옛 가락국 임금을 맞이하는 의식요의 성격을 가지지만 그 내면에는 생명 탄생을 바라는 주술을 담고 있는 것이다. 더구나 그 깊이를 들여다보면 거북의 머리가 남자의 성기를 형상화한다고 하니, 노래 한 소절에도 무한한 뜻이 담겨 있음에 실로 감탄을 금치 못한다.

이렇듯 우리 역사 속의 설화나 풍습을 더듬어 보면 유독

풍요와 다산을 기원하며 종족의 번영에 힘을 쏟았음을 알 수 있다. 생명에 대한 신비함을 느낄수록 남녀의 성기에 대한 경외심이 신앙의 대상이 되었던 것이다. 선사 시대 때 동물이 교미하는 모습의 암각화나 성기를 노출한 인물상이 있는가하면, 남녀가 성행위를 하는 신라 시대의 토우도 볼 수 있다. 이것은 일반적인 눈요기가 아니라 숭고한 성에 대한 신앙이었던 것이다.

예전에는 지방마다의 특색에 맞춰 인위적으로 만든 남근석이 많았다고 한다. 그런데 보기가 민망하다는 이유로 새마을운동을 하면서 많이 매몰시켰다는 후문이다. 현재 남아있는 것은 지방문화재로 보호를 받고 있다니 그나마 다행이 아닐 수 없다.

전라북도 김제에 가면 '귀신사'가 있다. 신라 문무왕 16년(676년)에 고승 의상대사가 창건했으며 국신사國信寺, 귀신사鬼神寺, 구순사狗脣寺 로 불리다가 최근에 다시 귀신사로 불리는 비구니 사찰이다. 이 사찰 법당 뒤편에는 개모양이라고도 하고 사자모양이라고도 하는 동물상 위에 남자의 성기모양 돌조각이 올려져 있다. 석수의 몸길이는 158cm, 높이 62cm, 등에 올려진 석주는 2단으로 아랫부분 72cm, 윗부분 40cm이다. 일반적으로 사찰에는 거북상이나 거북모양의 주춧돌이 자리하는 것을 본다. 그런데 설명에는 거북이가 아니라고 한다. 탑 역시 부처의 사리를 모시는 것이 원칙인데 왜 이 절에는 남근석을 세운 것일까.

여기에는 두 가지 이야기가 전해져 온다. 귀신사는 백제 법왕 때 왕실 원찰용으로 지어졌을 거라는 추론이다. 남근석을 두는 사찰은 백제 왕실의 내원사찰內願寺刹일 것이라는 설과, 또 하나는 풍수지리로 볼 때 이곳이 구순혈형狗脣穴形이라나? 즉 이곳 지형이 개의 음부를 닮았다는 것이다. 그것은 다름 아닌 여성의 음부를 의미하는데, 결국 여성의 음기가 센 지형에 남근석을 세워 강한 지기를 눌러 주었다는 것이다.

보통 민가 부근에는 다산을 상징하는 남근석이 다채롭게 위치해 있다고 하더라도 불교가 지닌 엄숙주의 속에 남근석이라니. 아무리 풍수지리에 입각했다고 해도 사찰 내의, 더구나 비구니들의 도량에 1미터 이상이나 되는 남성 성기의 돌조각이 있다는 것은 아이러니가 아닐 수 없다.

귀신사 남근석에 얽힌 얘기를 더 찾아보려고 했으나 내게는 한계였다. 풍수지리 공부만 머릿속을 잠식한다. 광화문 앞의 해태상은 화재를 막아주고, 지네모양의 지세에는 닭 모양의 조각으로, 또한 성곽의 현판을 가로세로 방향을 바꿔가며 이로움과 해로움을 조절했다고 하는 이론이다.

얼마 전에 시 외곽지에 있는 친구네 집을 방문한 적이 있다. 울타리도 담장도 없는 널찍한 터에 덩그마니 지은 집, 그런데 건물 앞에 나지막하게 돌무더기를 이어놓았다. 화단의 경계석도 아니고, 의아해 했더니 지관이 일러주어서 그리했단다. 앞산의 기운이 너무 세게 달려와 그 기운을 살짝 막아놓은 것이라고 한다. 민가의 주택도 이러하거늘, 마을 단위와 그 이상은 말할 나위도 없겠다. 그러고 보면 배산임수의 명당보다는 부족한 부분을 채워주는 비보裨補와 강한 지기를 눌러주는 염승厭勝이 적절하게 조화를 이루고 있는 것이 진정한 풍수가 아닌가 싶다.

귀신사의 남근석도 그러한 의미에서 보면 불교와 민간신앙의 적절한 조화라고 보아야 옳을 것이다. 유교사상이 짙은 우리 민족은, 아니 우리 할머니들은 대 이을 아들을 낳기 위해 돌부처의 코와 남근석도 야금야금 갉아서 먹었다. 전국 산야의 남근석을 살펴보면 멀쩡하게 자리한 것이 드물다. 그 와중에 흠집 없이 꿋꿋하게 자신을 지키고 있는 귀신사 남근석은 사찰 내에 자리한 위치적 혜택을 누린 것은 아닐는지.

돌사자 위에 세워놓은 남근석은, 보면 볼수록 인간 삶의 모습을 담고 있어서 시선을 끈다. 석수가 사자이건 개이건, 아님 거북이건 그것은 중요하지 않다. 석주가 다소 세속적이기는 하나 욕망스럽게 보이지는 않는다. 삶에서 욕망을 감추기보다 드러내 놓은 것이 어쩌면 자연에 더 가까운 것이 아닐는지.

결국 귀신사의 남근석은 음기를 누른다는 큰 뜻도 있지만, 그 내면에는 민중들의 다산 염원이 담겨져 있는 것이다. 다소 짓궂은 성적 표현을 담고는 있어도 불끈 솟아있는 남근석에서 힘을 찾고 희망을 노래한다면 그게 무에 그리 흉이라 하겠는가.

"거북아 거북아 머리를 내어라. 만약 내놓지 않으면 구워서 먹으리."

□ 2009. 9.

현대판 도덕성

세상이 변하면 예의와 관념도 바뀔까. 공자 왈, 맹자 왈 하던 시대는 까마득한 옛이야기로 머물고 유교의 가르침 역시 무형문화재로 등록이 될 시기가 머지않았을 게다. 우스갯소리지만 항간에는 부부는 가족이기 때문에 근친상간을 하면 안 된다는 둥, 아내를 지칭하는 '안해'는 '하지 않는 사람'을 일컫는다고 한다. 도덕을 꼭 지켜야 하느냐, 개인주의 사회에서 '관습'을 정해놓고 억압해서 안 된다는 목소리도 들린다.

버스정류장에 쪼그리고 앉았다. 35도를 오르내리는 더위에 연신 부채질을 한다. 옆에 앉은 두 명의 아가씨인지 미시Mrs인지, 수다가 매미소리보다 시끄럽다. 귀는 어지러운데 슬그머니 훔쳐보니 눈길을 뗄 수 없다. 요샛말로 S라인 몸매에 얼굴에도 한껏 분장을 했다. 옷차림 역시 아슬아슬하다. 여자도 힐끔거리는데 남자들의 시선이야 오죽하겠는가. 솔직히 말하면 싱그러운 젊음이 질투 나도록 부럽다. 그녀들은 무언가를 맛있게 먹는 중이다. 먹으면서도 따발총 같은 언어를 구사하다니 가히 놀랍지 않을 수 없다. '저런, 얌통머리를 보았나.' 기다리던 버스가 오자 음식물 먹던 통을 정류장 의자에 던지고 후다닥 오른다. 한참 동안 엉덩이를 실룩이며 떠나가는 버스를 바라보았다. 옆에 있는 사람들이 혀를 찬다. 졸지에 음식 담겼던 통이 욕을 먹는다. 외양은 예쁜데 마음이 밉구나. 도덕심이란 걸 아는지 모르는지.

문화유적 답사팀에서 배둘레햄 남자 선생이 말발을 세운다. 유럽의 모 배우는 88세에 세상을 떠나면서 20대 아내의 품에서 눈을 감았단다. 20대 부인을 세 번이나 얻은 그 배우는 남자가 보는 입장에서 최고로 행복한 삶을 살지 않았겠냐고 한다. 마음 내키는 대로 한다면 그냥 입을 콱, 쥐어박고 싶다. 하지만 젊은 여자와 살고 싶어 하는 남자의 본심까지야 어찌하겠는가. 그런데 그 남자분의 얘기에도 타당성은 있었다. 밖에서 힘들게 일하고 모처럼 집에서 쉬고 싶은데 아내가 피곤하게 한단다. 소소한 잔소리를 넘어 지나친 간섭을 하면 '저 여자와 왜 사나' 싶을 때가 있단다. 애인이 있으면 그때는 십중팔구 집을 뛰쳐나오게 되어 있단다. 지겨운 마누라보다는 나긋한 애인을 만나러 갈 것이라고 한다.

모임에서 한 여자가 슬그머니 빠졌다. 어디 가느냐고 물으니 남편이 데리러 왔단다. 정말 남편이 아내를 데리러 왔을까, 한 마디씩 거들며 의문의 꼬리에 또 다른 꼬리가 물었다. 아침에 '잘 다녀오겠습니다'고 남편한테 보고하고 왔을 텐데, 장거리 문학여행 대절버스를 따라 온 사람이 남편이 맞을까? 요즘은 애인 없으면 장애자라고 한다. 멀쩡한 사람이 애인 하나 키우지 않는다면 분명 정신적으로나 육체적으로 결함이 있을 거란다. 키울 게 많은 세상이다. 자식도 키워야 하고, 애완동물, 화초도 키워야 하는데 거기에 덤으로 애인까지 키워야 하니 말이다. 부부간에 각방 쓰기는 예사고 서로의 사생활에 대해 묵인하는 경우가 많다고 한다. 이것을 무어라고 표현할까. 부부간의 예의?

삶의 퍼즐을 조합해 본다. 현대판 도덕성을 어디에 맞춰야 할지 난감하다. 세상은 나 혼자 살아가는 곳이 아니다. 자신은 도덕이나 규칙을 지키지 않아도 된다고 규정지었다손 치더라도, 타인의 눈에 거슬린다면 한 번쯤은 생각해 볼 문제이다. '늘어나는 주름살이나 번쩍이는 계급장에 꽃다발을 안기지 말라. 혼의 진보 없는 삶의 잔치는 타락의 징표인 것을'

□ 2012. 9.

그를 보내다

보내야 한다. 한때는 자석처럼 끌려 너를 품었지만, 이젠 보낸다. 몇 시간 동안 줄다리기를 했다. 밀었다 당겼다, 몇 차례 반복에 지쳐 끝내 주저앉았다. 그를 현관 밖으로 밀어 낸 후, 겹겹이 밀려오는 허기를 참지 못해 전화를 돌렸다. "치킨 한 마리 부탁합니다." 이 상황에 배가 고파오다니, 술이 고프니 안주가 필요했다고 둘러대야겠다. 울컥하며 맥주를 마셨다. 내 사랑은 짚검불이 아니다. 청맹과니는 더욱 아니다. 그를 사랑했었다.

그래 배신이라고 하자. 무수히 많은 일상 중에 너는 나의 눈을 맞추려고 노력했을지도 모른다. 한때는 부드러운 포옹을 했다. 배신이라는 거, 가슴 아픈 일이지. 그래, 입장을 바꿔 생각해 보니 목에 가시가 걸린 것 같아. 밤하늘의 은하가 범람하여 별이 우수수 떨어지고 무서리 펑펑 쏟아지며 한기를 뿜는 것 같아. 굳이 변명을 하자면 우리는 오래도록 함께 했고, 이젠 서서히 정리할 시간이 된 것뿐이야. 미안하다. 내 마음이 변했다고 해야겠지.

세 번째의 배신이다. 한번은 올케네 집으로 그를 보냈다. 조카가 좋아했다. 또 한 번은 몇 해 전에 남편에게 뒤처리를 해 달라고 부탁했다. 무료하게 TV만 보지 말고 그랑 친해 보라고 회유했다. 이번에는 눈 딱 감고 그냥, 무작정 그를 보내기로 했다. 그는 항상 주변을 맴돌았다. 내 기분이 처지면 활짝 웃음을 주었다가, 마음이 들뜬 날에는 숭고한 꽃으로 거듭났다. 내 자신의 실체를 몰라 방황할 때 숨바꼭질하면서 놀자 했고, 마음이 면도날 같을 때는 조용히 다가와 다독여 주었다. 그와 함께 울고 웃었다. 환호를 지르다가 납작 엎드리기도 했다. 그는 나를 지탱하는 주춧돌이었음을 부정하지 않는다. 그런 그와 헤어진 것이다.

큰아이는 그를 도서관에 보내자고 했다. 신간이 아닌 구닥다리를, 더구나 동인지와 계간지 일색인 책 무더기를 반갑게 받아 줄까. 처음엔 '책'이라는 자체만으로도 고마웠다. 이것저것 골고루 먹었다. 밤을 새워 읽고, 감동 받은 작품의 작가에게 인사를 보냈다. 요즘은 봇물 터지듯 밀려오는 책 홍수에 편식을 하고 있다. 실은 건성으로 읽는 책도 태반임을 고백한다. 안면에 못 이겨 지인들이 관련된 문학잡지를 구독하는 일이 심심찮고, 거기에 보태 지인들이 출간한 책들이 우체통을 점령한다. 월간지나 계간지, 동인지는 봉투를 뜯지도 않은 채 탑처럼 쌓인다. 소속된 문학단체에서는 해마다 책을 만들고, 몫으로 배당되는 책 역시 방구석에서 서럽다.

지나간 글을 들추면 얼굴이 붉어진다. 문맥이 통하지도 않거니와 억지 주장도 질펀하다. 그 책을 수거해 불을 지르고 싶은 심정이 한두 번이 아니었다. 그럴 때마다 스승님은 말씀하셨다. 어떻게 쓰는 글마다 명문이 되길 바라느냐, 생애 한두 편의 명작을 남기기 위해 수백, 수천의 작품을 쓰는 노고를 아끼지 말라. 시간이 지나도 독자의 기억에 남는 작품을 쓰기 위해 노력하라며 격려를 주셨다.

글이나 사상은 그 저자의 정신 연령에 이르러야 비로소 이해할 수 있다고 한다. 그리고 생활환경이 비슷해야 제대로 공감할 수 있는 것이다. 때때로 본인이 생각하는 바와 다르다고 해서 일침을 가하거나, 글쓴이의 사유는 생각지 않고

질경질경 보리개떡 씹듯 하는 경우를 본다. 글을 읽는 사람은 글쓴이의 입장을 배려해 주는 것이 첫 번째 지켜야 할 덕목이 아니겠는가.

내용이 어려운 것이 좋은 글일까. 미사여구가 많다고 아름다운 글일까. 사유가 깊은 어느 작가의 글은 서너 편 읽으니 재미가 없다. 문맥이 뛰어나고 의미부여가 훌륭한 글도 몇 편 들여다보면 머리가 지끈거린다. 소설도 아닌 산문을 똑같은 음계로 꾸려가다 보니 한 권의 책이 쉬이 지루해지는 것이다. 나의 책도 어디에서 천덕꾸러기가 되어 있는지 모르겠다. 어느 지인의 한탄처럼 아무개 댁 장롱받침으로 사용되지 않기만을 바랄 뿐이다. 학자나 공부를 염두에 둔 사람들이 읽을 책이라면 내용이 다소 무거워도 되리라. 그러나 독자들을 위하는 마음이라면 쉽고 재미있게, 덧붙여 감동 전달이 되는 게 좋지 않겠는가.

욕심이었겠지, 책만 봐도 배가 불렀으니. 책이 책장에서 이차 선으로 넘치고 화장대, 책상, 식탁, 방과 거실 바닥에까지 널려져 있었다. '이건 아니다'고 마음을 다잡았다. 무엇인가를 보듬고 앉았다는 것은 그에 얽매인다는 것이리라. 세상에 쓸모없는 책은 없으리라. 그렇다고 잔뜩 껴안고 있다고 해서 지식이 쌓이는 것도 아니다. 예전에는 곧잘 책의 내용을 기억해 냈으나 요즘은 책을 읽는 중에도 뒷장의 내용을 금세 잊어버린다. 나이 드신 지인은 그래도 다행이라며, 본인은 앞에서 읽은 내용이 두어 줄만 내려와도 깜깜하단다. 책을 펼치기 전에 독서노트를 챙기는 이유가 된 것이다.

마음을 비웠는가, 아니다. 개운함보다 서운함이 앞선다. 대략 정리한 여덟 박스의 책을 현관 밖으로 내다 놓았으나 아직도 껴안고 앉은 책들이 많다. 보냈다고 하면서도 실체는 보내지 못하고 겉옷 몇 꺼풀 벗은 정도이다. 진정 아끼는 얼마의 책만 남기고 모두 아파트에서 관리하는 도서관에 주어도 되리라. 필요하면 빌려오면 될 테니까. 밍기적거린다. 아직은 전부를 떠나보내고 싶지 않다는 속된 마음이 파도친다. 보내는 것은 아무리 연습을 해도 면역이 되지 않는다.

헛헛하다. 그를 보내고 나면 잊힐까. 한때 뜨겁게 격정을 나누었던 그도, 잔잔한 물결처럼 가슴 언저리에 머물러 있던 그도 내가 선택한 사랑이었다. 보냈다고 해서 일순간 화르륵 사위어지는 꽃은 아닌 것이다. 아마도 한참 동안 뺑뺑이 도는 팽이게임을 하게 될 것이다. 돌다가 쓰러지면 회초리로 후리치며 자해를 가할지도 모르겠다. 사랑을 떠나보내면 아픔이 오고, 그 아픔을 치유하기 위해서는 또 다른 사랑을 필요로 한다는데.

'사랑 경험이 아무리 많다고 해도 새로운 타자와 새롭게 사랑에 빠질 때는 지금까지의 경험은 아무런 의미가 없다. 지금의 애인은 과거의 애인과 확연히 다른 사람이고 자신도 과거와는 다르게 변했기 때문이다. 오히려 과거의 경험이 새로운 사랑에 장애물로 작용할 수 있다. 새로운 사랑에 대한 새로운 진리를 만들라(강신주 『철학이 필요한 시간』, p.228).' 사랑, 그것은 자신을 가두는 일이다. 그렇다고 사랑을 외면할 수도 없다.

고개를 떨어뜨린다. 마음 고생한 두께만큼 나이테가 늘어나면 그는 잊히리라. 새로운 사랑 역시 떠나가리라. 나는 언제쯤 허물을 벗고 날개가 솟으려나.

□ 2012. 11.

발정 난 고양이

♧ 본능

동물의 본능은 선천적으로 지니고 있는, 억제할 수 없는 충동이나 감정이라고 한다. 요즘 고양이 때문에 머리가 지끈거린다. 암고양이가 발정이 난 것이다. 요상한 울음소리는 밤낮을 가리지 않는다. 특히 야밤의 울부짖음은 괴기하기 그지없다. 졸졸 따라다니며 몸을 비비고 뒤로 발라당 누워서 구애까지 하는데 혹여 밟힐까 여간 성가신 게 아니다. 소음을 줄이려 고양이를 껴안고 쓰다듬어 준다. 그러나 손길을 잠시라도 놓으면 곧바로 울부짖는다. 몸을 뻣뻣하게 뒤로 젖히는가 하면 납작 엎드려 엉덩이 부분을 치켜든다.

며칠째 집 안에서의 일상이 마비된다. 화를 내다가도 빤히 바라보는 눈동자와 마주하면 이내 측은한 마음으로 돌아선다. 본능에만 의지하는 동물이 아닌가. 고양이는 여타 동물과 달리 호르몬 작용으로 발정은 일어나나 배란은 되지 않는다. 교미 과정에서 수컷에 의해 배란이 되는 것이다. 더욱이 교미는 한 번으로 끝나는 것이 아니라 며칠간 지속되는 것이다. 종족을 번식하려는 집착은 소란스러움의 극치를 넘는다. 지극히 자연현상에 따른 욕구로 보아야 할 것이다. 희한한 것은 발정기가 지나면 언제 그랬냐는 듯이 잠잠해진다는 것이다. 출산 역시 아주 조용하게 이루어진다.

사람은 어떠한가. 사람은 건강하고 아름다운 성을 누리며 살아가고 있다. 사랑의 행위 과정에 개인적 차이는 있으나 대체로 상대의 마음을 존중한다. 사랑의 결실인 출산과정이 다소 소란스러운 면이 있다 하더라도 배려와 격려를 보내게 된다.

그러나 개중에는 '감추는 성'도 있다. 성폭력이나 성매매가 그 단면의 하나일 것이다. 성매매업소를 찾는 남성들은 윤락가 여성에게 판타지를 느낀다는 보고가 있다. 그들이 보는 입장에서 조상의 봉제사를 모시고 후손을 낳아주는 아내는 신성한 여자인 것이다. 그런 아내에게 감히 자신의 성 욕구를 피력할 수 없다는 생각에, 컨트롤할 수 없는 감정을 앞세워 음지에서 자라는 성 문화를 만들었던 것이다.

성을 논할 때 언급하는 부분이 있다. '남녀상열지사'이다. 유교에서 낮잡아 보았다는 그 노래는 실상 시각과 청각을 동원한 욕망과 쾌락의 대명사였던 것이다. 여러 고비를 넘기면서도 문헌으로 남아 전해져 오는 것은, 예나 지금이나 인간 역시 막을 수 없는 본능을 지녔기 때문이리라. 성의 기준에서 보면 금기하여 제한한 것이 도덕이고, 묵인한 것이 음악이라고 한다.

동물과 인간의 성행위는 분명 다를 것이다. 그러나 본능까지 다른지는 감이 잡히지 않는다. 괴성이든 교성이든 그것은 자유다. 다만 감추는 성이 아닌, 양지의 성생활을 누리는 것이 현명할 수 있으리라. 성생활은 훨훨 타다가 사위어진 재 속에 감춰진 불씨이기도 하고, 부드러운 흙속에서 발아를 꿈꾸는 씨앗이기도 할 터.

♧ 갈등

나는 개인적으로 동물 싫어하는 사람을 반기지 않는다. 일반적으로 한국인은 고양이보다 개를 좋아한다. 그 이유는 간단하다. 고양이는 복종을 하지 않는다. 부르면 쪼르르 달려오는 개와 달리 고양이는 거만스럽다. 배가 고플 때만 응답한다. 고양이는 함께는 살아도 누구의 소유물은 아니라고 한다. 우리 집 고양이도 예외는 아니다. 이놈이 어찌나 영악한지 사람을 가려가며 애교를 부린다. 그러나 '끌림'을 어찌하랴. 다른 집의 경우는 어떠한지 모르지만 현관문 소리가 나면 자다가도 눈 찡그리며 마중 나와 있고, 어릴 때부터 길들여진 탓인지 목욕을 시켜도 발톱을 세우지 않는다. 겪을수록 섬세하고 매력적이다. 이런 고양이를 어찌 예뻐하지 않으랴.

그러나 고충도 따른다. 애완동물은 주사비나 약값이 비싼 편이다. 휴일에는 특진비까지 추가된다. 중성화수술비도 만만찮다. 여기저기 알아보니 수술 후의 비용이 더 많이 나온다고 한다. 애완동물 협회에서는 동물 의료법을 고려해 볼 시점이 아닐까.

고양이는 지금도 컴퓨터 모니터 앞에서 자판으로 뒹굴뒹굴 옮겨가며 성가시게 하고 있다. 꾸짖기도 하고, 어르기도 해본다. 하지만 본능에 솔직한 몸부림을 보며 다시금 껴안는다. 고양이를 자유롭게 풀어주는 것이 옳은 일인지, 함께 살자고 수술까지 시켜야 하는 건지. 갈래갈래 마음 길에 어둠이 짙다.

□ 2012. 12.

정체를 보다

외출에서 돌아오면 마중해 주는 귀염둥이가 있다. 멍멍이는 꼬리를 흔들고 야옹이는 졸음에 겨운 눈으로 바라본다. 멍멍이는 이내 사라지고 야옹이가 눈을 맞춘다. 발자국 디딜 때마다 따라다니며 발에 감기고 뒹군다.

함께 산 지 십 년이 되어가는 멍멍이는 할머니가 되었다. 이빨도 빠지고 편한 자리를 찾아다니며 눕는 게 일상이다. 돌봐 주던 둘째 딸아이가 직장 때문에 집을 떠나자 떠돌이별처럼 집 안 귀퉁이를 맴돈다. 축 처져 있는 모습이 흐린 날씨같이 보여 안쓰럽다.

이 년째 살고 있는 야옹이는 팔팔하다. 색정이 줄줄 흐르는 농익은 처녀다. 주인인 큰딸 아이에게 열렬한 광신도다. 화장실 앞에 지키고 앉아 야옹거리고 장난감을 던지면 잽싸게 물고 와서 귀염을 받는다. 잠이 오면 손바닥을 찾는다. 한 손으로 쓰다듬어 주면 다른 손을 쪽쪽 핥고 빨면서 잠을 청한다. 생기 있는 모습이 언제나 맑음이다.

가끔씩 싸움이 벌어진다. 멍멍이가 큰아이를 따라다니든지, 큰아이가 멍멍이를 쓰다듬어 주면 야옹이 태도가 돌변한다. 자세를 삐딱하니 하여 옆걸음으로 폴짝거리며 털을 세워 달려든다. 덩치로나 힘으로나 밀릴 수밖에 없는 멍멍이는 앙칼진 소리로 대응한다. 주인의 사랑을 독차지하고픈, 자신의 영역을 침범하지 말라는 야옹이의 징계에 꼬리를 내리는 멍멍이다. 윈-윈(Win-Win)하면 좋을 텐데, 편을 가르는 것이 냉혹하다.

그나마 다행인 것은 한방에서 지낸다는 것이다. 밤이 되면 멍멍이는 큰아이 방문 앞에서 잠을 자고 야옹이는 큰아이 방 책장위에서 보금자리를 튼다. 낮에 큰아이가 나가면 멍멍이는 큰아이 침대에 눕고, 야옹이는 침대 커버 속으로 기어 들어간다. 때로는 침대에 나란히 누워있다.

산판에서는 도끼질을 잘해야 최고이고, 노름판에는 속임수 잘 써야 최고라잖은가. 서당에서는 물론 글을 잘 읽어야 최고이다. 우리 집 애완동물 입장에서는 큰딸 아이한테 잘 보여야 최고이다. 예쁜 짓을 해야 참치통조림, 육포 간식을 얻어먹는다.

종일 집 안에서 애완동물과 부대끼다 보면 희비가 교차한다. 멍멍이는 가끔씩 옆에 올 때만 손길을 나눠주면 된다. 그런데 야옹이는 수시로 손길을 달라고 야옹거린다. 방문을 닫으면 문을 긁고, 컴퓨터를 켜면 모니터 앞에 앉아 마우스 커서의 화살표를 쫓느라 일손을 방해한다. 화를 내면 빤히 바라본다. 그럴 때마다 긴 호흡으로 마음을 가다듬는다. 발정이 나서 소란을 피울 때 화도 나고 안쓰럽기도 했던 적이 있다. 중성화수술은 시켰지만 어느 주기만 되면 변화하는 모습을 본다. 야옹이를 껴안고 눈빛을 나누며 대화를 한다.

무거운 생각과 무거운 몸으로 바라보는 멍멍이를 본다. 늙는다는 것은 한 번도 입어보지 않은 납으로 된 옷을 입는 것과 같단다. 멍멍이는 재롱으로 기쁨을 주었고 우리는 사랑을 나눠주었다. '네 젊음이 네 노력으로 받은 상이 아닌 것처럼 네 늙음 또한 네 잘못으로 얻은 형벌은 아니다.'

우리 가족이 해야 할 일은 늙은 멍멍이를 어루만져 주는 것이다. 비록 '오수의 개'나 죽은 주인을 십 년씩 기다리는 '하치'는 아니더라도 멍멍이는 우리 가족에게 충분한 기쁨을 주었다.

교감은 특히 애완동물에게 필요하다. 목격전수라고 해도 무방할 것이다. 어쨌거나 우리 집에는 멍멍이와 야옹이 역할이 바뀐 것만은 확실하다. 가끔 그들의 정체가 헷갈릴 때가 있다는.

□ 2013. 10.

열다

♧ 발길을 열다

자기 자신의 가치를 가늠하는 일이란 마치 단위가 없는 물질을 계량하는 것과 같다고 한다. '내 가치'는 항상 미지수였다. '잘할 수 있을 것 같다'는 생각이 들다가도 '선불리 나섰다 넘어지면 어쩌나' 하는 불안이 엄습해왔다.

"교육은 가르치는 것이 아니고 깨닫게 하는 것이다."

말씀을 듣는 순간 머릿속에 환한 전구가 켜졌다. 그동안 얼마나 여기저기를 기웃거렸던가. 손가락을 헬 수 없이 배우러 다녔다. 물론 그 배움을 허투루 쓰지는 않았다. 봉사활동으로 나누고 이웃에게도 전해주었다. 그러나 살아가는 일은 내 마음대로 차려 놓는 소꿉놀이가 아니었다. 때때로 궂은 날에 밟히는 치맛자락 같아서 짜증이 늘어간다. '무언가'를 해야 하는데 '어떻게' 해야 하는 것인지 방법을 몰랐다. 어느 배움의 장소에든 자격증 따는 것만 가르쳤지 구체적인 마케팅을 가르쳐주지 않았다. 발길을 연다. 깨달음을 얻기 위해.

♧ 손길을 열다

'떡' 수업이 매력이다. 예전에 배운 것과는 다른 '퓨전 떡'이 마음을 앗아간다. 요즘 나트륨 과다로 성인병은 또 얼마나 입방아에 오르는가. 원재료의 맛을 살려 새콤함과 달콤함으로 짠맛을 잊게 만드는 저염요리가 부각된다. 사찰요리는 인기 폭발이다. 자가치료 하자는 '디톡스'요리가 바로 전통요리인 것이다. 우리 몸은 우리의 전통 양념으로 길들여져 있다. 된장이나 간장을 2년 이상 숙성하면 부작용이 없다고 한다. 전통술과 핸드메이드 커피도 좋은 공부였다. 직접 술을 만들어 먹을 기회가 몇 번이나 되랴마는 '안다'는 것은 바로 '힘'이 될 수 있다.

'아는 만큼 보이고 본 만큼 느낀다'는 진리를 몸으로 체험한다. 대다수는 지금의 자리에서 좀 더 나은 쪽으로의 비상을 갈망한다. 그러면서도 스스로를 여자라는, 주부라는 덫에 가두며 산다. 중요한 것은 '방향'이다. 앞으로는 '어떻게 할 것인가'를 고민해야 한다. 결코 속도가 중요한 것은 아니다. 세상에 공으로 되는 것은 없다지 않은가. 배우면 언젠가는 접목이 될 거라는 희망을 가져 본다.

♧ 마음을 열다

'삶은 기대한 만큼만 준다', 누구도 나에게 '삶의 의미'를 줄 수는 없다. 타인이 조언자가 되어 줄 수는 있으나 '내 것'으로 만드는 것은 순전히 자신의 의지로 이룩된다.

그동안 핑곗거리만 주억거렸다. 이러저러한 이유를 붙이며 어느 선을 그어 놓고 그 이상은 넘어가지 않으려 했다. 나름대로 내 짧은 경험과 지식을 이웃에게 나누었다고 자랑했다. 독거어르신과 결식학생 도시락 봉사를 하고, 복지관에서 장애우 청소년을 위한 요리교실을 재능 기부했다. 초등학교에 가서 방과후 글쓰기를 지도했다. 그러나 그 이상은 없었다.

'학력이 부족해서'라든가 '줄이 없어서'라는 구실을 붙였다. 대다수의 사람들도 찬동했다. 하지만 이제는 힘들다고 주저앉지 않으련다. 차라리 다리를 절룩이는 한이 있더라도 다시 걷는 쪽을 택하련다. 그동안 많은 경험을 쌓았노라고 위안한다. 내가 배운 지식은 사라진 것이 아니다. 축척되어 진 것은 분명 탑이 될 것이라고 믿는다.

'성공'이라는 말은 접으련다. 내 의지대로만 된다면 무얼 더 바라랴. 인생 오십에 들어서니 상대방 눈빛이 감지되고 더러 눈치도 살피게 된다. 잘한다는 칭찬이 두렵다. 칭찬은 잠시 피었다 지는 꽃일 수도 있다. 최선을 다하고자 하는 마음만을 충전한다. '최상'의 것을 가진 사람이 반드시 행복한 것은 아니다. 오히려 자신에게 주어진 것에 '최선'을 다하는 사람이 행복한 사람인 것이다.

지금 나는 진행 중이다. '내가 좋아서' 하는 일에 발을 들여놓고 싶다. 모든 분야에서 제 1의 철칙은 사람을 버는 것이라고 했다. 분명한 것은 사람과 사람 사이에 '진정성'을 가져야 한다는 것이다. 또 하나, 삶의 주인공이 되어 살지 않으면 훗날 남의 집 마당이나 빗자루질 하는 머슴이 될 터.

조심스레 마음을 연다.

□ 2013. 11.

화이부동和而不同으로의 여정

— 동그라미 노정희 수필집 『어글이』에 붙여

장 호 병 | 수필가, 문장 주간 겸 발행인

노정희 작가가 첫 수필집 『빨간 수필』에 이어 채 2년도 되지 않아 생활 밀착형 수필집 『어글이』를 상재한다. 작가가 상상을 동원하고 문학적 장치를 겹겹이 한다 하더라도, 수필은 인간 삶과 무관할 수 없다. 다작과 그리 넓지 않은 작품 생산 반경에도 불구하고 보다 원숙해진 작품들은 개성적인 언어와 묘사, 낭만, 해학과 풍자로 독자의 마음을 사로잡는다.

동그라미 노정희 작가는 조리사 자격을 갖추고 조리봉사를 해온 수필가이다. 최근에는 푸드아트테라피스트로도 활동하고 있다. 수필과 어울리는 일을 하고 있다는 생각이 든다. 조리사의 렌즈와 수필가의 렌즈, 소재가 다를 뿐 사용법엔 크게 차이가 나지 않을 것 같다. 백인백색이듯, 식자재의 성분 또한 존재하는 것만큼의 맛과 향을 가질 것이다.

서로 다른 것을 선별, 조합하고 조화를 이루어야 한다는 점에서 조리나 수필쓰기, 삶은 방법적 측면에서 매우 닮아 있다.

노정희 작가는 가끔 아파하는 사람이다. 그의 아픔이 어디에서 온 것인지, 또는 육체적인 것인지 정신적인 것인지 나는 알지 못한다. 다만 아파하지 않는 사람이 없듯 여느 사람들처럼 그도 아파한다 것만은 확실하다.

톨스토이는 『사람은 무엇으로 사는가』에서 사람 안에는 사랑이 들어있고, 사랑으로 살아감에도 불구하고, 진정 사람은 자신에게 필요한 것은 제대로 알지 못한다는 것을 보여준다.

사람살이에서 사랑이 전부라 해도 과언이 아님에도 왜 사랑을 제대로 알지는 못할까. 존재론적 관점에서 나를 해석하기 때문이다. 정작 사랑을 위해서는 무엇이 필요한지 모르고, '어떻게'라는 방법에 매달린다. 희미하나마 그 깨달음은 먼 길을 돌고 돌아서 온다.

□ 不同而和 부동이화

누구나 생각의 차이는 있게 마련이다. 소원도 각양각색, 마음씀씀이도 다양하다. 결코 타인에게 누를 끼치고 싶지는 않다. 욕심이든 흑심이든, 빨간 색깔에 손을 데였다 해도 그건 순전히 나의 몫이다. 그냥 '위안받고 싶다'는 내 마음일 뿐이다. 이런 마음도 죄가 될까. 그렇다면 부처님 전에 엎드릴 수밖에. 토막 난 어수선한 마음의 생채기를 도려낸다.

"부처님, 나를 치소서. 내 육신과 마음에 멍이 들도록."

마음을 비운다고 내 안의 울림이 있을까. 그것은 아닐 것이다. 내가 선 자리, 그 아래에도 빈 항아리를 묻어야 할 것이다. 소나무는 산중에 있을 때 더 향기롭고 풀꽃도 수풀 속에 있을 때 더 청초하다.

—「울림」 중에서

'나'를 사랑하지 않는 사람은 없다. 그럼에도 때론 나를 부정하고 싶고, 나와 다른 무언가가 신선한 충격으로 다가오게 된다. 너와 나, 같은 곳을 보고 있지 않았음에도 우린 서로에게 끌리고 좋았다. 비운다는 것은 나와 다른 그 무엇으로 채우고자 함이다. 즉 '나다움'의 부족을 채워주는 것이 '너다움'이 아니겠는가. '너다움'은 '나와 다름'이다. 종소리의 울림을 위해, 종각 아래 빈 항아리를 묻듯이, 내 마음에도 빈 항아리를 묻는 것은 '너다움'을 받아들여 나다워졌던 초심으로 돌아가려는 것이다.

울림을 통해, 집착과 방치의 이분법이 아니라 조율을 읽는다.

우리 집 남자, 그 남자는 손끝이 여물다. 전등이 어두우면 잽싸게 갈아 끼우고 수도꼭지며 문고리 장석이며 말끔하게 손질해 준다. 궁둥이 한 번 쓰다듬어 주고 어깨 한 번 주물러 주면 병원에도 데려다 주고, 시장에 따라가 무거운 보따리도 거뜬하게 들어주지 않는가. 피곤에 절어 있다가도 바다가 고파 징징 짜는 소리를 내면 마누라를 위해 기꺼이 운전대를 잡고 동해로 향한다. 때로의 집착으로 힘들게 하지만 항상 함께 하고파 하는 남편의 마음을 읽는다.

—「집착이냐, 방치냐」 중에서

□ 同而不和 동이불화

직업상 장거리 출타하는 날이 많아, 모처럼 따뜻한 밥 한 술갈 얻어먹으려 서둘러 집에 오면 텅 빈, 어둠만이 감도는 집에 헛헛함이 밀려왔다. "반찬이 없냐, 빨래를 안 해주냐."라는 쫑알거림에 "혼자가 아닌, 아내와 마주 앉아 밥 먹고 싶다."는 폭발을 여러 번 되풀이해도 여전히 콧방귀만 뀌었다. 외로움의 화살이 마음을 관통하고 지나갔다. 아내는 남들에게 잘하려고 애쓰면서 정작 가까운 남편을 외면했다. 어느 순간 자신은 '남보다 못한 남자'가 되어 있었다. 아내가 미웠다. 역설적으로 그녀는 '님보다 못한 여자'가 되었던 것이다.

— 「24시간」 중에서

나가 너에게, 너가 나에게 반한 것은 "너는 나와 달라!"였다. '달랐다'는 신선한 일치에서 출발하여 또다른 일치를 찾아보는 즐거움은 어느 순간 정점을 찍고 하향곡선을 그린다. '나다움'을 포기하여 '너다움'으로 가야하고, 때론 '너다움'의 포기를 강요해야 한다. 그 상황이 매우 심각하지만 작가는 '님보다 못한 여자', '남보다 못한 남자'로 되었음을 재치있게 보여주고 있다.

□ 和而不同 화이부동

어머니는 악착스럽게 살아야 했다. 이삼 년 터울로 늘어나는 어린것들을 먹이고 가르치려면 밤낮없이 잰걸음을 몸에 익혀야 했다. 유교사상이 몸에 밴 어머니는 밥상머리 교육도 엄했다. 어른의 그림자도 밟아서는 안 되었다. 식구들이 남에게 손가락질 받는 것은 더더욱 싫었다. 그러나 실향의 외로움을 술로 달래는 시아버지와 남편의 주사는 꽉 막힌 돌덩이였다. 때로는 자갈길을 맨발로 걷고 가시밭길을 헤쳐 나가다 상처가 쨍그랑거리는 소리를 들어야 했다.

…중략…

자신의 모든 것을 포기하고 자식을 위해 헌신한 어머니시다. 젊은 날에 몇 번의 보퉁이를 쌌다 풀었다 하기도 쉽지는 않았으리라. 마을 모퉁이 돌아서면 어린것들의 울음소리가 귀에 감겨 발걸음을 뗄 수 없었다는, 오로지 자식이라는 끈을 잡고 팔순의 어머니는 그렇게 고통을 삭히었다. 어글이 단지처럼 묵묵히 자신의 문양을 보듬었다.

—「어글이」 중에서

'유약으로 치장하고 불가마에 들어가 살갗이 벗겨지는 고통'을 참아냈지만 어긋나 불량품이 되었다는 어글이. 100년의 세월을 덮어쓴 어글이에서 작가는 짐승도 새도 아닌 무언가를 발견한다. 세속적 성공을 이루지는 못했지만 고통 속에서 꽃피운 엄마다운 엄마, 팔순 노모의 얼굴에서 발견되는 검버섯과 같은 문양이었다. 어떤 성공작보다 빛나는 어글이, 엄마를 읽은 것이다.

"아이고 내 팔자야."

땅을 치며 통곡한다. 자식 낳고 살았으니 서방이지, 곰살맞게 대하길 하나. 하소연하면 쇠귀에 경 읽기고, 생활비 달라하면 아까워서 벌벌 떠는 위인이다. 그런데 그년한테는 메주콩만 한 알이 박힌 반지도 끼워주고 비단옷도 사 입힌다는 소문이 자자하다. 밖에 둔 마음 돌려보려고 보약도 해 먹이고, 자식들도 앞세워 보았다. 그런데 종일 일만 하여 거칠 대로 거친 손을 보면서 위로는커녕, 여자 손이 나무토막 같아서 만질 기분이 안 든다나 뭐라나. 어찌 저런 남자를 배필로 만났던고. 마주하면 속이 부글거리고 확 할퀴고 물어뜯어도 속이 시원찮다. 그런데 일거리는 꼭 내게 던져주고 간다. 에고 에고, 어떤 년은 복도 많지. 내 복은 어디 갔는고.

"으흠, 으흠."

"어머나, 약주 드셨네요."

버선발로 뛰어 나온다. 웃옷을 받아들며 부축하는 손이 부드럽다. 옷을 벗기고 물수건으로 몸까지 닦아주는구나. 어찌 저 예쁜 것을 사랑하지 않을쏘냐. 발까지 씻겨 주는구나. 꿀물까지 타서 오는구나. 손가락에 물 묻히는 것조차 아까울 지경이다. 내 모든 것을 주어도 모자랄 지경이다. 저 꽃 같은 미소를, 헌신적인 행위를 본댁이 손톱만큼이라도 따라했으면 좋으련만.

동동당당, 분주하게 몸을 놀렸더니 온몸에 땀이 흐른다. 내 몸, 조금만 바지런 떨면 영감님이 이렇게 예뻐해 주지 않는가. 게으름 피워서 좋을 것이 무에 있을까. 영감님이 알아서 구찌 화장품 사다 주지요, 비단 옷 사다 주지요, 찬거리 사다 주지요. 보너스로 주머니에 찔러주는 현찰도 짭짤하다. 굳이 입 놀려서 미움 받을 필요가 있을까. 그냥 분단장이나 하고 영감님이 집에 들르면 웃어주고 비위 맞춰주면 되는 것을. 사람 조종하는 것 다아~마음먹기 나름이지.

—「리모컨」 중에서

본댁과 입 안의 혀처럼 구는 혼외의 젊고 아리따운 여자에 대한 상상을 해학적으로 표현하였다. 두 여자는 결국 리모컨을 든 작가일 것이며, 나안에 잠재된 또 하나의 나를 통해 '너다움'에 다가가는 '나다움'을 택하고 있다. 부동이화에서의 신선한 '너'의 기억을 잊지 않은 때문이리라.

> 출산 경험이 없는 생 속의 노처녀가 어미 노릇을 자청한 것이다. 고양이가 개 젖을 물고 있는 것이 아닌가. 나오지 않는 젖은 피멍이 들어 있었다. 이젠 고양이가 아니라 개가 안쓰러울 지경이다. 젖에다 밴드를 붙이고 붕대를 감아 주었다.
>
> 이 무슨 아이러니, 개는 스스로 가슴을 풀어헤쳐 다시 고양이에게 젖을 물렸다. 젖을 짜보니 아주 소량의 액체가 나오고 있었다. 개는 고양이의 배변 처리까지 맡았다. 도저히 그냥 두고 볼 수 없어서 개와 고양이를 분리시키려 하자 그 순한 개가 으르렁거리며 달려들었다.
>
> —「동거」 중에서

화이부동, 새끼를 낳아 길러 본 적이 없는 처녀 개가 고양이 새끼에게 젖을 물리고 배변 처리까지 한다. 그들은 고양이가 개이기를, 개가 고양이기를 강요하지 않는다. 존재론적 구조에서는 그들의 사랑과 평화가 성립될 수 없다. 다만 어미 없는 새끼 고양이와 노처녀 개 사이의 관계론적 구조에서만이 가능한 일이다.

할아버지가 손녀를 위해 물려준 밥그릇에 뜬 초승달, 그 초승밥의 추억을 기억하는 한 작가는 '너다움'을 소중히 여길 것이며, '싱싱하지는 않지만 쉽게 변하지 않'(「나이 오십, 고등어」)을 연륜에서 '나다움' 또한 균형을 잃지 않을 것이다.

제자리의 아름다움을 잃지도 빼앗지도 않을, 화이부동으로의 여정에 박수를 보내며 사족을 거둔다.(終)